LES MAITRES DE LA MUSIQUE

CÉSAR FRANCK

PAR

VINCENT D'INDY

CINQUIÈME ÉDITION

Travis & Emery

Paul Marie Théodore Vincent d'Indy (1851-1931), était un compositeur et enseignant. Il a d'abord étudié le droit et ensuite la composition musicale. Il fut l'élève de César Franck au Conservatioire de Paris. Il a fondé la Schola Cantorum avec Alexandre Guilmant et Charles Bordes en 1894.

Plus de détails sont disponibles à partir de
- Stanley Sadie: The New Grove Dictionary of Music and Musicians.
- http://fr.wikipedia.org/wiki/Vincent_d'Indy
- http://en.wikipedia.org/wiki/Vincent_d'Indy

Pour en savoir plus:
- Joseph Canteloube: Biographie
- Norman Demuth: Vincent d'Indy: Champion of Classicism (1951)
- Vincent d'Indy: Ma Vie. Journal de Jeunesse. (2001)
- Manuela Schwartz: Vincent d'Indy et Son Temps (2006)
- Andrew Thomson: Vincent d'Indy and His World (1996)
- Robert Trumble: Vincent d'Indy: His Greatness and Integrity (1994)

Livres écrits par Vincent d'Indy:
- Cours de composition musicale (1903-1905)
- César Franck (Réimpression, Travis & Emery 2009)
- Beethoven. (Réimpression, Travis & Emery 2009)

© Travis & Emery 2009.

Vincent d'Indy

César Franck

Cinquième édition.

First published, Paris 1910.

Republished Travis & Emery 2009.

Published by
Travis & Emery Music Bookshop
17 Cecil Court, London, WC2N 4EZ, United Kingdom.
(+44) 20 7240 2129
neworders@travis-and-emery.com

Hardback: 978-1-906857-77-6 Paperback: 978-1-906857-78-3

CÉSAR FRANCK

L'HOMME

I
LA VIE

A l'époque précise où le géant de la symphonie, Ludwig van Beethoven, venait de mettre la dernière main au manuscrit de celle de ses œuvres qu'il tenait lui-même et avec raison pour la plus parfaite, la sublime *Messe solennelle* en *ré majeur*, à cette date du 10 décembre 1822 naissait à Liège celui qui était appelé à devenir, dans l'art religieux aussi bien que dans l'ordre symphonique, le véritable successeur du maître de Bonn.

C'est au pays wallon que se passèrent les premières années de César Franck, en ce pays si français, non seulement de cœur et de langage, mais encore d'aspect extérieur, car, quoi de plus semblable à notre plateau central de la France que ces vallées accidentées aux plans abrupts et pittoresques, que ces landes où le genêt s'épanouit au printemps en un horizon d'or quasi illimité, que ces collines, peu élevées cependant, où le voyageur français retrouve avec surprise les hêtres et les pins, végétation des froides montagnes cévenoles? Et c'était bien, en effet, ce pays gaulois d'aspect, germain d'habitudes et de voisinage, qui devait fatalement enfanter le génie prédestiné à la création d'un art symphonique bien français en son esprit de mesure et de précision, mais solidement appuyé sur la haute tradition beethovénienne, résultante, elle-même, des traditions antérieures de l'art musical.

La famille Franck prétend rattacher ses origines à une dynastie de peintres wallons du même nom[1] dans les œuvres desquels, à côté des qualités de la peinture dite primitive, on rencontre force détails qui font pressentir l'art d'un Rembrandt. M. Georges César Franck, fils aîné du grand musicien, possède, de l'un de ces peintres, un petit tableau sur cuivre représentant un Christ aux outrages, dont la composition, sinon le coloris, offre à ce point de vue un

---

[1]. Le plus ancien de ces peintres fut Jérome Franck, né en 1540 à Herrenthal en Campine et mort en 1610, à Paris, où, comme son descendant musicien, il avait émigré et avait obtenu le titre de peintre du roi Henri III. On citait comme son chef-d'œuvre une *Nativité* qu'il peignit pour l'église des Cordeliers, détruite par la Révolution.

certain intérêt. C'est peut-être à cette influence atavique que César Franck dut ses dispositions pour les arts du dessin, qu'il cultiva en sa prime jeunesse et dont le goût lui resta jusqu'en son âge mûr; nous en retrouverons la trace dans l'étude de son œuvre.

Cependant, l'esprit du jeune homme fut de très bonne heure tourné vers la musique. Son père, homme dur et autoritaire, qui, bien que s'occupant de banque, comptait de nombreuses relations dans le monde des arts, avait décidé que ses deux fils seraient musiciens.

Il n'y avait qu'à s'incliner devant cette décision, mais, par bonheur, et contrairement à ce qui arrive généralement de ces affectations prématurées laissant trop souvent chez l'enfant le dégoût, parfois même la haine du métier entrepris *invito corde*, la semence musicale tomba chez César Franck dans un terrain merveilleusement apte à la faire germer et fructifier.

A peine âgé de onze ans, il entreprenait en Belgique, sous la conduite de son père, une tournée de concerts, au cours de laquelle il eut l'occasion de rencontrer une jeune pianiste, d'un an plus âgée que lui, et faisant également la même tournée de virtuose ; c'était la petite Garcia, qui devint plus tard notre célèbre cantatrice **Pauline Viardot**

A douze ans, il avait terminé ses études à l'école de musique de sa ville natale et son père, désireux de le voir réussir sur un plus vaste théâtre, émigra avec ses deux fils à Paris, en l'année 1835. Là, César commença et poussa même assez loin l'étude du contrepoint, de la fugue et de la composition sous la direction de Reicha, dont il recevait des leçons particulières ; mais, celui-ci étant mort en 1836, le père du futur auteur des *Béatitudes* sollicita pour son fils l'admission au Conservatoire royal. Ce ne fut que l'année suivante, en 1837, que César put entrer comme élève dans la classe de Leborne pour la composition, et dans celle de Zimmermann pour le piano. Au bout de cette même année, il remportait dans la première de ces classes un premier accessit de fugue, mais son concours de piano, en 1838, donna lieu à une fort singulière aventure qui mérite d'être contée.

Après avoir exécuté de façon tout à fait supérieure le Concerto en *la mineur* de Hummel, morceau imposé, le jeune Franck ne s'avisa-t-il point, à l'épreuve de lecture à vue, de transposer à la tierce inférieure le morceau à déchiffrer et de le jouer ainsi sans une faute ni une hésitation ?

Cela n'était point prévu au règlement des

concours, et cette hardiesse, de la part d'un élève de quinze ans et demi, sembla tellement irrévérencieuse au vieux Cherubini, alors directeur du Conservatoire, qu'il se refusa obstinément à attribuer au jeune concurrent un premier prix cependant bien mérité ; mais comme, 'en dépit de son esprit formaliste et autoritaire, l'auteur de *Lodoïska* n'était point injuste, il proposa au jury de décerner au pianiste téméraire une récompense spéciale, hors concours, que l'on dénomma de l'appellation pompeuse de « grand prix d'honneur ». — C'est la seule fois, à ma connaissance, qu'il ait été donné, à un concours instrumental du Conservatoire de Paris, une récompense de cette nature.

En 1839, Franck obtient son second prix de fugue. L'esprit de combinaison, qualité essentielle à la confection de ce bizarre et inutile logogriphe qu'on appelle la *fugue d'école*, était tellement naturel chez le jeune wallon — comme chez ses ancêtres de l'époque du contrepoint vocal, — qu'il n'employa pour parfaire sa fugue qu'une fort minime portion du temps attribué par le règlement à cette composition ; son père, le voyant rentrer à la maison si tôt, alors que les autres concurrents avaient encore devant eux un grand nombre d'heures de travail, commençait à lui reprocher aigrement de n'avoir point apporté assez de soin à cette épreuve d'où dépendait son avenir, le jeune homme, souriant, se contenta de répondre : « Je crois que c'est bien. » Toute la confiante candeur du Franck que nous avons connu est déjà dans cette réponse.

L'année suivante, malgré un sujet assez ingrat donné par Cherubini, le premier prix de fugue lui était décerné à l'unanimité (19 juillet 1840). En 1841, nouvelle surprise pour le jury. César, élève de la classe de Benoist (auquel il succéda en 1872), concourait pour le prix d'orgue. On sait que les épreuves de ce concours sont, actuellement encore, au nombre de quatre : accompagnement d'un plain-chant donné, exécution d'une pièce d'orgue avec pédale, improvisation d'une fugue, improvisation d'un morceau libre en forme de sonate, ces deux dernières épreuves d'après des thèmes fournis par l'un des membres du jury. Or, Franck ayant observé, grâce à son merveilleux instinct du contrepoint, que le sujet donné de la fugue se prêtait à certaines combinaisons avec le thème du morceau libre, entreprit de les traiter simultanément, de façon que l'un servît de repoussoir à l'autre.

Il fut, nous racontait-il lui-même, « très heureux dans la combinaison des deux sujets », mais les développements fournis par cette façon insolite de traiter le morceau libre ne laissaient pas que de prendre des proportions inusitées pour ce genre d'épreuve, en sorte que les membres du jury (duquel Cherubini, malade, ne faisait point partie) ne comprenant rien à ce tour de force tout à fait en dehors des habitudes du Conservatoire, n'attribuèrent tout d'abord aucune récompense à ce gêneur... et il fallut que Benoist, le professeur du trop ingénieux élève, vînt tout exprès leur expliquer la situation, pour que, revenant sur leur malencontreuse décision, ces messieurs se décidassent à accorder au jeune homme... un *second* prix d'orgue ! Dès ce moment, peut-être, Franck commença à devenir suspect aux yeux des gens officiels...

Il ne lui restait plus alors qu'une seule haute récompense à ambitionner à l'école : le prix de Rome. Il se préparait à prendre part au concours de l'Institut; il le pouvait, bien qu'on ne le *crût* pas Français[1], mais un ordre subit de son père l'obligeait, au milieu de l'année scolaire, à quitter définitivement le Conservatoire.

Le 22 avril 1842, Franck était rayé des contrôles de notre école nationale de musique; il lui était enjoint d'entreprendre la carrière de *virtuose...*

---

[1]. M. Georges C. Franck se réserve de donner ultérieurement des preuves de cette assertion.

C'est à cette époque que remontent la plupart des œuvres pour piano seul, duos concertants à quatre mains, transcriptions, caprices originaux, fantaisies brillantes, bref, tout ce qui constituait alors le bagage obligé du *pianiste compositeur*.

Notre siècle ne connaît plus — heureusement — ces carrières de météores de la musique. éblouissant toutes les capitales de l'Europe de leur éclat fulgurant mais passager, incendiant imaginations et cœurs féminins et faisant fondre des lingots d'or sur tout le cours de leur romantique trajectoire.

Tels, Thalberg et Liszt, pour ne citer que les plus illustres.

Le père de notre maître avait rêvé pour son fils aîné une existence de ce genre, qui n'allait cependant guère avec les goûts et le tempérament de celui-ci, il l'obligeait donc à tirer parti de son talent de pianiste et à produire périodiquement un certain nombre de compositions à cet usage.

Cependant, malgré ces « travaux forcés » auxquels Franck se voyait condamné de par l'autorité paternelle, il ne pouvait s'empêcher, en sincère et digne artiste qu'il était, de chercher et de trouver, même dans les plus insignifiantes productions, des formes nouvelles, non point encore des formes esthétiques de haute composition comme cela lui arrivera plus tard, mais des combinaisons de doigtés originaux, de dessins encore inemployés, de dispositions harmoniques donnant au piano une sonorité non encore entendue ; c'est ainsi qu'à ce point de vue, certaines des premières œuvres pour piano, comme l'*Églogue*, op. 3 (1842), et la *Ballade*, op. 9 (1844), offrent de spéciales innovations dont l'étude peut tenter des musiciens et surtout des pianistes.

C'est aussi à cette époque qu'appartiennent les trois premiers trios (sous le titre : op. 1) ; Franck les écrivit alors qu'il était encore au Conservatoire et son père lui en dicta la dédicace : *A S. M. Léopold Ier, roi des Belges*.

Si je me souviens bien d'un entretien que j'eus, au sujet des trios, avec mon maître, une audience de cour dans laquelle le jeune César devait présenter lui-même ses œuvres à leur auguste dédicataire fut le prétexte invoqué pour lui faire abandonner subitement le Conservatoire, son père fondant, disait-il, sur la dédicace en question les plus fantastiques espérances que rien, hélas, ne vint justifier dans la suite.

Je reviendrai sur ces trios dans la seconde partie de cette étude et spécialement sur le premier, en *fa dièze mineur*, qui marque une étape dans l'histoire de l'art musical.

On ne possède aucun détail sur le séjour de deux années que fit le maître en Belgique, après sa sortie hâtive du Conservatoire. Il est probable que son père n'y rencontra pas les avantages qu'il y était allé chercher, puisque, en 1844, nous retrouvons toute la famille installée de nouveau à Paris, dans un logement de la rue La Bruyère, et sans beaucoup d'autres ressources que les cachets, leçons ou concerts, que pouvaient fournir à la communauté les deux fils, Joseph et César.

C'est alors que commença pour le maître cette vie de labeur incessant et régulier qui se déroula sans trêve et sans à-coups pendant un demi-siècle, lui apportant parfois — rarement — la diversion d'un concert où l'on exécutait quelqu'une de ses œuvres.

Ce fut d'abord, le 4 janvier 1846, dans la salle du Conservatoire, (qu'une administration plus libérale que celle qui régit actuellement les Beaux-Arts mettait assez facilement à la disposition des artistes *vivants*), la première audition de *Ruth*, églogue biblique dont il avait entrepris la composition dès sa rentrée à Paris. Si l'œuvre commanda la sympathie et l'attention de certains musiciens, sincères ou non [1], la plupart des cri-

---

[1] M. Georges C. Franck possède, à ce sujet, quelques curieuses lettres de compositeurs illustres.

tiques attitrés n'y virent qu'une « plate imitation » du *Désert* de Félicien David qui avait obtenu deux ans auparavant un retentissant succès et dont l'éphémère renommée était encore dans toute sa vigueur. — Un peu plus tard, ce sera des œuvres de Richard Wagner dont se serviront les écrivains musicaux pour accabler sous la comparaison un nouvel ouvrage, cela jusqu'à l'époque contemporaine où les mêmes écrivains musicaux ont pris le singulier parti d'exalter *a priori* toutes les œuvres nouvelles, de quelque valeur qu'elles puissent être, au détriment, le plus souvent, des chefs-d'œuvre anciens,... curieux retour des choses.

Toutefois, l'un des critiques de 1846, mieux disposé que les autres, écrivait ceci : « M. César « Franck est naïf, excessivement naïf, et cette « simplicité l'a, avouons-le, assez bien servi dans « la composition de *Ruth*, oratorio biblique... » Vingt-cinq ans plus tard, le 24 septembre 1871, eut lieu, au Cirque des Champs-Élysées, une seconde audition de *Ruth*, et le même critique, enthousiasmé, écrivit cette fois, sans peut-être se rappeler qu'il avait déjà entendu le susdit oratorio : « C'est une révélation ! Cette partition qui, « par le charme et la simplicité mélodiques, rap- « pelle le *Joseph* de Méhul, avec une grâce plus

« tendre et plus moderne, peut être hardiment
« qualifiée de chef-d'œuvre... »

Mais les temps deviennent plus durs pour la famille Franck ; les amateurs riches qui formaient le plus clair de la clientèle des deux jeunes gens, effrayés par la tournure que prenaient les événements politiques, avaient presque tous déserté Paris et les ressources diminuaient à vue d'œil.

Ce fut ce moment que choisit César pour se marier.

Épris, depuis quelque temps déjà, d'une jeune artiste dramatique, fille d'une tragédienne alors célèbre, Mme Desmousseaux, il n'hésita pas à l'épouser malgré la rigueur des temps et les récriminations de ses parents scandalisés de voir une *femme de théâtre* entrer dans leur famille.

Le mariage eut lieu à l'église de Notre-Dame de Lorette dont César Franck était alors organiste, le 22 février 1848, en pleine insurrection. Le cortège de noce dut, pour parvenir à l'église, enjamber une barricade, et les futurs époux furent aidés de fort bonne grâce, en cette délicate opération, par les émeutiers massés derrière la fortification improvisée.

Peu après son mariage, Franck ayant perdu tous ses élèves, mal vu et mal compris par son père auquel il ne pouvait plus fournir aucune ressource, dut abandonner définitivement la maison paternelle et se créer une existence nouvelle. Il lui fallait, en effet, doubler la somme de travail qu'il donnait antérieurement, en remplaçant par la quantité la qualité des leçons perdues et en se livrant à d'infimes besognes de métier; mais, libre dès lors d'ordonner lui-même la disposition de son temps, il prit, à ce moment, la résolution de consacrer chaque jour, quoi qu'il advînt, une ou deux heures soit au travail de composition, soit à la lecture d'ouvrages littéraires ou musicaux capables de lui élever l'esprit ; c'est ce qu'il appelait lui-même : « réserver le *temps de la pensée* ».

Jusqu'à ses derniers jours, rien ne le détourna de la pratique de cette résolution : c'est à elle que nous devons tous ses chefs-d'œuvre.

En 1851, pour la première fois, Franck tentait une entreprise qu'il ne devait renouveler que vers la fin de sa carrière, la composition d'un ouvrage dramatique, on disait alors : un opéra.

Sur un sujet hollandais, dont l'action se passait vers la fin du xviie siècle, Alphonse Royer et Gustave Vaes, librettistes alors en vogue, lui fournirent un canevas à musique ni meilleur ni plus mauvais que tous ceux en usage à cette époque. Plein d'ardeur, le maître se mit au travail, poursuivant sans trêve l'achèvement des trois actes de son *Valet de ferme* (tel était l'intitulé de l'opéra). Comme il ne lui était pas possible d'abandonner, même momentanément, ses leçons et ses occupations journalières, il consacra à cette besogne la plus grande partie de ses nuits et y mit un tel acharnement que l'œuvre, commencée en décembre 1851, était complètement terminée et instrumentée dans les premiers mois de l'année 1853. Le pauvre Franck paya cher ce surmenage : à la suite de ce travail, il tomba dans un état de prostration intellectuelle qui lui enleva pendant un certain temps non seulement la faculté de composer mais même celle de penser, tout effort de l'esprit devenant pour lui une insurmontable fatigue.

Et tout cela fut en pure perte au point de vue pratique, car, quelques années plus tard, — ce qui dut tout d'abord sembler à Franck une chance inespérée, — Alphonse Royer, étant devenu directeur de l'Opéra, refusa péremptoirement de monter le *Valet de ferme*, sous le spécieux prétexte que, le livret étant de lui, cela lui était interdit par les règlements administratifs. Il est vrai de dire qu'il avait été suffisamment rétribué de sa fourniture sur les maigres émoluments du pauvre musicien qui avait failli y perdre la santé.

Au surplus, vers la fin de sa vie, le maître

ne tenait plus cette hâtive partition qu'en assez médiocre estime : « Ce n'est pas à graver », répondait-il à ceux qui lui en parlaient [1].

Sur ces entrefaites, l'abbé Dorcel, digne prêtre qui, étant vicaire à Notre-Dame de Lorette, avait soutenu le jeune organiste en ses premières épreuves et s'était activement occupé de son mariage, fut nommé à la paroisse Saint-Jean-Saint-François, au Marais, église dont la tribune venait d'être enrichie d'un grand orgue de Cavaillé-Coll, ce génial inventeur qui mourut pauvre. Le bon abbé s'empressa d'appeler à ce poste son jeune ami de Notre-Dame de Lorette, et Franck s'écriait, tout heureux de se trouver maître d'un aussi bel instrument : « Mon orgue, c'est un orchestre ! »

Mais ce ne fut que quelques années plus tard qu'il rencontra le calme et définitif asile qui fut, je ne crains pas de l'affirmer, le véritable berceau d'où sortit une nouvelle manière d'être de son talent, et où commença ce que l'on peut appeler sa seconde époque musicale.

L'actuelle basilique de Sainte-Clotilde venait d'être achevée, remplaçant la modeste église de Sainte-Valère, et Cavaillé-Coll, alors dans toute la plénitude de son génie d'ouvrier-poète

---

[1]. Propos rapporté par M. Georges C. Franck.

de sonorités, venait d'y installer son chef-d'œuvre, cet admirable instrument qui, après cinquante ans, a encore conservé toute sa fraîcheur de timbre et toute l'amplitude de son harmonieuse résonnance[1].

C'était bien autre chose que le modeste *orchestre* de Saint-Jean-Saint-François, aussi César Franck, poussé bien plus par l'intérêt artistique que par une pensée de lucre, se présenta pour le poste d'organiste de Sainte-Clotilde (où il occupait depuis 1858 celui de maître de chapelle) et finit par l'obtenir malgré les intrigues de ses nombreux compétiteurs.

C'est dans la pénombre de cette tribune, dont je ne puis me souvenir moi-même sans émotion, que s'écoula la meilleure partie de sa vie, c'est là que, pendant trente ans, chaque dimanche, chaque jour de fête et les derniers temps, chaque vendredi matin, il vint attiser le feu de son génie en d'admirables improvisations souvent bien plus hautes de pensée que nombre de morceaux de musique ciselés avec adresse. C'est là, assurément, qu'il prévit et enfanta les sublimes mélodies qui devaient former la trame musicale de ses *Béatitudes*.

[1]. « Si vous saviez comme je l'aime », disait le « père Franck » au curé de Sainte-Clotilde, « il est si souple à mes doigts et si docile à mes pensées ! » Propos cité dans l'allocution de M. le chanoine Gardey, le 22 octobre 1904.

Oh! nous le connaissions bien, nous ses élèves, le chemin qui conduisait à cette bienheureuse tribune — chemin ardu et difficile comme l'Évangile nous présente celui du ciel — où, après avoir gravi la ténébreuse spirale d'un long escalier à vis percé de rares meurtrières, on se trouvait tout à coup face à face avec une sorte de monstre d'aspect antédiluvien, à l'ossature compliquée, à la respiration pesante et inégale, qu'à plus ample examen on reconnaissait être l'organe vital de l'orgue actionné par deux vigoureux souffleurs.

Là, il fallait encore descendre un petit escalier de quelques marches, bas, resserré et absolument privé de lumière, dernière épreuve fatale aux chapeaux hauts de forme et cause de bien des faux pas pour les non-initiés. Après quoi, ouvrant l'étroite *janua cæli*, on se trouvait suspendu à mi-distance entre le pavé et la voûte de l'église et l'on oubliait tout dans la contemplation du profil attentionné et surtout du front puissant d'où sortait sans effort apparent toute une théorie de mélodies inspirées et d'harmonies subtilement exquises qui, s'enroulant quelques instants autour des piliers de la nef, allaient enfin se perdre tout en haut, aux courbures des ogives.

Car César Franck avait, ou plutôt *était* le génie

même de l'improvisation et aucun organiste moderne, voire des plus renommés comme exécutants, ne saurait lui être comparé, même de loin, sous ce rapport[1]. Aussi, quand parfois — mais rarement — l'un de nous était appelé à remplacer le maître retenu par d'autres occupations, n'était-ce pas sans une sorte de terreur superstitieuse que nous osions caresser de nos mains profanes cet être quasi surnaturel accoutumé à vibrer, à chanter, à pleurer sous l'excitation du génie supérieur dont il était pour ainsi dire devenu partie intégrante.

D'autres fois, le maître invitait quelques amateurs, quelques amis, quelques artistes étrangers à venir prendre place à sa tribune ; c'est ainsi que, le 3 avril 1866, son unique auditeur, Franz Liszt, sortit émerveillé de Sainte-Clotilde, évoquant le nom de J.-S. Bach en un parallèle qui s'imposait de lui-même.

Mais que ce fût devant des invités de choix, devant ses élèves, ou simplement pour les fidèles assistant à l'office, les improvisations de Franck étaient toutes aussi profondément pensées, aussi soignées d'exécution les unes que les autres, car il ne jouait point de l'orgue pour être écouté,

1. Je me souviens de certain offertoire sur le thème initial du VII⁰ quatuor de Beethoven, qui était bien près d'égaler en beauté la pièce même du maître de Bonn ; ceux qui ont assisté à cette improvisation ne me contrediront certes pas.

mais pour s'acquitter le mieux qu'il pouvait d'un devoir envers Dieu et sa propre conscience. Et *ce qu'il pouvait,* c'était de l'art sain, élevé, sublime.

Décrire ces improvisations, dont nous n'avons bien senti tout le prix que lorsque nous n'avons plus été à même de les entendre, serait une tâche impossible ; je laisse à ceux qui, comme moi, ont été les commensaux habituels de ces festins d'art, la douceur d'un souvenir qui bientôt s'envolera comme se sont évanouies elles-mêmes ces géniales et éphémères créations.

Ainsi, pendant dix ans, Franck se recueille, vivant sa tranquille vie d'organiste et de professeur et faisant succéder à la fièvre de production des jeunes années une période de calme où il n'écrit que des pièces d'orgue et de la musique d'église. Mais ce calme n'est que précurseur d'une nouvelle transformation, définitive, celle-là, à laquelle la musique devra de sublimes chefs-d'œuvre.

Toute sa vie, Franck avait été possédé du désir de traiter musicalement le bel évangile du *Sermon sur la montagne;* il avait déjà (nous en parlerons dans la partie critique de cet ouvrage) tenté plusieurs essais sur ce sujet qui convenait si bien à son esprit de croyant et à son tempérament puissant et passionné. En l'année 1869, il fut enfin à même de pouvoir travailler sur un poème, sinon de premier ordre comme poésie et versification, au moins respectueux du texte sacré tout en le paraphrasant de manière à donner lieu à d'importants développements musicaux.

A peine muni de ce canevas, il se mit aussitôt à la besogne avec un tel enthousiasme qu'il en écrivit sans s'interrompre les deux premières parties.

Ce travail fut arrêté par un événement qui ne pouvait laisser indifférente aucune âme française, et Franck, bien que né en Belgique, était bien français de cœur et de choix ; cet événement, c'était la guerre de 1870.

Trop âgé pour prendre du service actif, le maître avait vu ses jeunes disciples se disperser au vent mauvais de nos défaites et laisser le contrepoint, l'orgue ou le piano pour aller manier le fusil dans les vaillantes armées improvisées que notre pays sut, six mois durant, opposer aux envahisseurs victorieux. Plusieurs de ces disciples ne revirent pas le maître aimé... ou, comme Alexis de Castillon, succombèrent peu après la guerre aux fatigues de cette rude campagne d'hiver.

Trois d'entre eux, Henri Duparc, Arthur Coquard et l'auteur de ces lignes (qui n'avait cependant point encore osé alors présenter au maître ses informes essais de composition) étaient, comme Franck lui-même, enfermés dans Paris assiégé.

Un soir, dans l'intervalle de deux gardes aux avant-postes, ayant été visiter le maître en son calme logis du boulevard Saint-Michel, nous le trouvâmes tout frémissant d'enthousiasme à la lecture d'un article du journal le *Figaro* où était célébrée, en une prose suffisamment poétique, la mâle fierté de notre cher Paris blessé, mais résistant encore : « Je veux en faire la musique ! » s'écria-t-il après nous l'avoir lu. Peu de jours après, il nous chantait fiévreusement le résultat de son travail, plein de patriotique inspiration et de chaleur juvénile :

Je suis Paris, la reine des cités, etc.

Cette ode n'a jamais été gravée jusqu'ici et ce fut la première fois qu'un musicien osa s'aventurer à composer sur un poème en prose.

En 1872, se produisit dans la carrière du maître un bien singulier incident : il fut nommé, on ne sait comment — et lui-même, si étranger à toute intrigue, le sut moins que personne — professeur d'orgue au Conservatoire.

Le vieux Benoist, atteint par la limite d'âge (il

était entré en fonctions à la fondation même de la Classe, en 1822), prenait définitivement une retraite bien gagnée ; comment se fit-il qu'un ministre, par hasard clairvoyant, s'avisa de penser pour cette place à l'organiste de Sainte-Clotilde, si peu officiel d'allure et d'esprit? C'est un mystère qui n'a point été élucidé.

Quoi qu'il en soit, César Franck prenait possession de la Classe d'orgue, le 1er février 1872, et dès cet instant, il commençait à être en butte à l'animosité, consciente ou non, de ses collègues qui se refusèrent toujours à regarder comme *des leurs* un artiste plaçant l'Art au-dessus de toute autre considération, un musicien aimant la Musique d'un amour sincère et désintéressé.

Cette même année, il écrivait, presque d'une traite (interrompant le travail des *Béatitudes*) la première version musicale de *Rédemption*, oratorio en deux parties sur un texte, assez médiocre, d'Edouard Blau, et Colonne, alors à ses débuts comme chef d'orchestre, en dirigeait la première exécution au concert spirituel du jeudi saint 1873.

Il s'en fallut de beaucoup que cette exécution fût satisfaisante ; Colonne n'avait point encore l'expérience qu'il a acquise depuis et un autre compositeur, dont le même personnel devait interpréter le lendemain vendredi saint, un oratorio de grande allure, absorba au bénéfice de son œuvre la presque totalité des répétitions affectées à ces deux concerts. Le bon « père Franck », sans défiance et sans fiel, dut se contenter (et il s'en contenta, tellement il était peu exigeant) d'une quasi-lecture à l'orchestre et d'une exécution excessivement sommaire qui ne produisit aucun effet; il fut même forcé, en raison de la pénurie des répétitions, de supprimer le *morceau symphonique* qui formait interlude entre les deux parties de son œuvre et qu'il récrivit, du reste, complètement depuis.

A part les *Eolides*, poème symphonique d'après Leconte de Lisle, qui fit une éphémère apparition au concert de la Porte Saint-Martin, sous la direction de Lamoureux, en 1876, et ne fut nullement compris par le public, Franck ne travailla guère, pendant les six années qui suivirent *Rédemption*, qu'à son oratorio *Les Béatitudes* qui ne fut terminé qu'en 1879 et lui prit conséquemment dix ans de sa vie.

Conscient d'avoir produit une belle œuvre, le maître, dont l'âme naïve fut constamment en proie aux illusions quant à ce qui est de la vie pratique, s'imagina que le gouvernement du pays qu'il illustrait par son génie ne pouvait manquer de s'intéresser à la présentation d'une aussi haute manifestation d'art, et que, si le ministre connaissait sa nouvelle œuvre, il en apprécierait certainement la beauté et en favoriserait l'exécution.

Il organisa donc chez lui une audition privée des *Béatitudes*, après s'être soigneusement enquis de la date qui pouvait convenir au ministre des Beaux-Arts et avoir invité, par démarche personnelle, les critiques des grands journaux ainsi que les directeurs du Conservatoire et de l'Opéra. Les *soli* étaient confiés à des élèves de chant du Conservatoire ; quant aux chœurs, si importants, ils étaient composés d'une vingtaine d'exécutants, disciples particuliers du maître ou élèves de la classe d'orgue.

Franck, plein de joie de cette exécution en miniature, avait l'intention d'accompagner lui-même au piano, mais, première déception, l'avant-veille du jour fixé, il se foula le poignet en fermant une portière de voiture... ; il vint aussitôt me trouver pour me demander de tenir sa place au piano, et, fier de cet honneur mais un peu troublé par la responsabilité, je dus, en une seule journée, me mettre dans les doigts toute cette partition de façon à pouvoir la présenter convenablement aux hôtes de choix sur l'appui desquels le maître comptait si absolument.

Tout était prêt, les exécutants, au grand complet, n'attendaient que l'arrivée des invités pour commencer. A huit heures et demie, survient un message du ministre, disant « qu'à son grand « regret, il lui était impossible de se rendre à la « soirée, etc., etc... » Les directeurs du Conservatoire et de l'Opéra s'étaient excusés d'avance ; quant aux grands critiques, ils étaient retenus ce soir-là par une occupation autrement importante que l'audition d'un oratorio de génie : on donnait, dans un théâtre à femmes, la première représentation d'une opérette...

Quelques-uns de ces messieurs de la presse vinrent cependant se montrer, pour fuir au bout de quelques minutes ces régions si éloignées des grands boulevards ; seuls, deux des invités restèrent jusqu'à la fin, ce furent Édouard Lalo et Victorin Joncières, qui voulurent donner à Franck cette marque de déférence.

De cette audition dont il s'était promis tant de joie, le pauvre Franck sortit triste et un peu désillusionné, non point qu'il eût perdu confiance en la beauté de son œuvre, mais parce que tous, et nous-mêmes, ses amis, — nous en faisons maintenant notre *mea culpa* — nous ne lui avions point caché qu'une exécution intégrale des *Béatitudes* au concert nous paraissait impossible ; il avait donc pris, quoiqu'un peu amèrement, son parti de débiter sa partition par tranches ; c'est ainsi qu'il la présenta au comité de la Société des Concerts du Conservatoire qui lui fit longtemps attendre l'exécution de l'une des huit parties.

Quatorze ans plus tard, Colonne, qui avait une revanche à prendre de *Rédemption*, montait avec un grand soin et un réel souci du rendu artistique, l'oratorio des *Béatitudes* dans son entier. L'effet en fut foudroyant et le nom de Franck fut dès lors entouré d'une auréole de gloire dont l'éclat ne fit que grandir ; mais, depuis trois ans déjà, le maître était mort...

A la suite de la malencontreuse audition privée dont il a été fait mention plus haut, le ministre des Beaux-Arts, peut-être pris de remords, tenta de faire attribuer à César Franck l'une des classes de composition du Conservatoire, vacante par la retraite de Victor Massé, mais à l'auteur des *Béatitudes*, ce fut Ernest Guiraud, l'auteur de *Madame Turlupin*, qui fut préféré.

Par contre, et en guise de compensation, une insigne faveur fut accordée au maître par le gouvernement ; on l'éleva, concurremment avec les tailleurs, bottiers et fournisseurs de tout ordre des gens officiels, à la haute dignité d'... *officier d'académie !* Tous les artistes furent profondément étonnés de cette attribution du ruban violet à celui qui semblait désigné pour

L'HOMME 27

le ruban rouge ; le seul auquel ce déni de justice parut tout à fait naturel, ce fut le maître lui-même... Nous, ses élèves, nous étions indignés et ne le cachions pas. Comme l'un de nous ne s'était point tenu d'exprimer cette indignation en présence du maître, celui-ci se contenta de dire à voix basse, comme en confidence, et avec ce sourire exquis que nous ne saurions oublier : « Calmez-vous, calmez-vous,... on m'a donné bon espoir pour l'année prochaine !... » Ce ne fut cependant que cinq ou six ans plus tard que Franck reçut enfin le ruban de chevalier de la Légion d'honneur, quelques musicastres habitués des antichambres ministérielles ayant dû naturellement passer avant lui ; mais ce serait une erreur de croire que cette distinction fut donnée au *musicien*, en tant qu'auteur de belles œuvres qui honorent l'art français... point du tout ! ce fut au *fonctionnaire* comptant plus de dix années de services que la croix fut attribuée, et le décret du 4 août 1885 porte seulement : « Franck (César-Auguste), professeur d'orgue ». Le gouvernement français avait décidément avec lui la main malheureuse !

Ce fut à propos de cette nomination et dans le dessein de montrer que Franck était mieux qu'un *professeur d'orgue*, que ses élèves et ses amis ouvrirent une souscription destinée à couvrir les frais d'un grand concert consacré uniquement aux œuvres du maître.

Le *festival Franck* eut lieu le 30 janvier 1887 au Cirque d'hiver sous la direction de J. Pasdeloup et de l'auteur lui-même. Le programme était composé comme suit :

PREMIÈRE PARTIE
SOUS LA DIRECTION DE M. JULES PASDELOUP

1. Le *Chasseur maudit*, poème symphonique.
2. *Variations symphoniques* pour piano et orchestre.
   M. Louis Diémer.
3. Deuxième partie de *Ruth*, églogue biblique.
   Mlle Gavioli, M. Auguez et les chœurs.

DEUXIÈME PARTIE
SOUS LA DIRECTION DE L'AUTEUR

4. *Marche* et *air de ballet* avec chœur d'*Hulda*, opéra inédit.
5. *Troisième* et *huitième Béatitudes*.
   Mmes Leslino, Gavioli, Balleroy.
   MM. Auguez, Dugas, G. Beyle.

L'exécution, mal préparée, avec un orchestre sans cohésion et des répétitions insuffisantes, fut déplorable. Pasdeloup, ce valeureux initiateur, premier champion de la musique symphonique en France, était alors très vieilli et n'avait plus aucune autorité ; il se trompa complètement de mouvement dans le final des *Variations sym-*

phoniques qui fut une débâcle. Quant à Franck, il écoutait trop vibrer sa pensée intérieure pour prêter attention aux mille détails sur lesquels un chef d'orchestre doit avoir constamment l'esprit en éveil ; l'interprétation des *Béatitudes* s'en ressentit grandement, mais sa bonhomie était telle qu'il fut le seul à ne point déplorer cette triste exécution et, lorsque nous nous plaignions amèrement auprès de lui que ses œuvres eussent été si mal présentées, il nous répondait en souriant et en agitant sa large chevelure : « Mais non, mais non, vous êtes trop difficiles, mes enfants; pour moi, j'ai été très content!... »

Les dernières années de la vie du maître virent l'éclosion de quatre chefs-d'œuvre qui resteront comme des points lumineux dans l'histoire de notre art : la Sonate de violon, écrite pour Eugène et Théophile Ysaye, la Symphonie en *ré mineur*, le Quatuor à cordes et enfin les trois Chorals pour orgue, qui furent son dernier chant.

La Symphonie fut exécutée pour la première fois à la Société des Concerts du Conservatoire le 17 février 1889, contre le gré de la plupart des membres du célèbre orchestre et grâce seulement à la bienveillante opiniâtreté du chef, Jules Garcin.

Les abonnés n'y comprirent quoi que ce soit, les musiciens officiels guère davantage ; l'un

d'eux, professeur au Conservatoire et quasi *factotum* du comité, auquel je demandais son opinion, me répondait d'un ton frisant le mépris :
« Ça, une symphonie ? Mais, cher Monsieur, a-
« t-on jamais vu écrire du cor anglais dans une
« symphonie ? Citez-moi donc une symphonie
« d'Haydn ou de Beethoven où vous trouviez du
« cor anglais... Allons, vous voyez bien que
« cette musique de votre Franck, c'est tout ce
« que vous voudrez, mais ça ne sera jamais une
« symphonie ! » — Voilà où on en était au Conservatoire, en l'an de grâce 1889...

D'autre part, à une autre issue de la salle des concerts, l'auteur de *Faust*, escorté d'un cortège d'adulateurs et d'adulatrices, décrétait pontificalement que cette symphonie était l'*affirmation de l'impuissance poussée jusqu'au dogme*... Gounod doit expier dans quelque purgatoire musical cette parole qui, venant d'un artiste comme lui, ne pouvait être ni sincère ni désintéressée...

Cette sincérité, ce désintéressement, nous allons les trouver chez le maître lui-même alors que, rentrant chez lui après l'exécution, chacun des membres de sa famille s'empressait de lui demander des nouvelles : « Eh ! bien, es-tu content de l'effet sur le public ? A-t-on bien applaudi ? » Et le père, ne songeant qu'à l'œuvre, de répondre, épanoui : » Oh !

cela a bien sonné comme je l'avais pensé[1] ! » La Sonate qu'Eugène Ysaye promena à travers le monde fut pour Franck une source de douces joies, mais le plus grand de ses étonnements fut causé par le succès alors sans précédent de son Quatuor à cordes, à l'un des concerts de cette Société Nationale de Musique qui contribua tant à faire avancer le goût français et dont Franck, qui en fut l'un des fondateurs en 1871, avait été nommé président depuis quelques années[2].

Lors de l'audition du 19 avril 1890, le public de la Société Nationale, dont l'initiation aux œuvres de forme nouvelle commençait à se faire, fut pris d'un sincère et unanime enthousiasme ; la salle Pleyel retentit d'applaudissements comme elle en entendait rarement ; tous les assistants étaient debout, acclamant, appelant le maître qui, ne pouvant imaginer pareil succès pour... un quatuor, s'obstinait à croire que ces manifestations allaient à l'adresse des interprètes. Cependant lorsque souriant, timide, effaré, il reparut sur l'estrade (il n'était guère coutumier du fait), il lui fallut bien se rendre à l'évidence de l'hommage et, le lendemain, tout fier de ce

1. Parole rapportée par M. Georges C. Franck.
2. Les exécutants de cette première audition étaient : MM. L. Heymann, Gibier, Balbreck et C. Liégeois.

premier succès (à soixante-huit ans !), il nous disait naïvement : « Allons, voilà le public qui commence à me comprendre... »

Quelques jours après, le 27 avril, un second triomphe l'attendait à Tournai, où il assista à un concert de ses œuvres donné par le quatuor Ysaye.

Mais ces douces impressions furent chez lui de courte durée, car, au mois de mai de cette même année 1890, se rendant un soir chez son élève Paul Braud, il ne put se garer du choc d'un omnibus dont le timon le frappa au côté. Il n'en continua pas moins sa route, mais perdit connaissance en entrant chez Braud. Revenu à lui, il joua le second piano des *Variations symphoniques* qu'il fut obligé d'exécuter deux fois, et rentra boulevard Saint-Michel très fatigué.

Cependant, insoucieux de la douleur physique, il ne cessa point pour cela de mener sa vie de labeur quotidien, renonçant seulement à ce qui aurait pu être un plaisir pour lui. C'est ainsi que ses collègues du comité de la Société Nationale l'ayant invité à venir présider leur dîner annuel, à l'issue duquel on devait lui faire la surprise d'une seconde audition intime de son Quatuor, il dut, se sentant malade, refuser d'assister à ces amicales agapes, et en informer le comité par le billet ci-après :

17 mai 1890.

Chers amis,

C'est pour moi un très grand regret de ne pouvoir me joindre à vous ce soir, à ce banquet de fin d'année auquel je n'ai jamais manqué.

C'est un regret d'autant plus vif que je sais la fête que l'on comptait me donner en exécutant une deuxième fois mon quatuor qui a été si admirablement interprété le 19 avril.

Merci mille fois pour toutes les gracieusetés et intentions charmantes que vous avez toujours pour moi et croyez à mon inaltérable attachement à notre chère Société.

CÉSAR FRANCK.

Cependant, vers l'automne, atteint d'une pleurésie fort grave, il fut forcé de s'aliter et des complications, suites de son accident mal soigné, s'étant déclarées, il succombait le 8 novembre 1890.

Bien peu de temps avant sa mort, il avait voulu se traîner encore à son orgue de Sainte-Clotilde afin de combiner et d'écrire la registration des trois admirables Chorals que, tel J.-S. Bach cent trente ans auparavant, il laissa comme un sublime testament musical.

Ces chorals, ultime prière du croyant, étaient sur son lit de mort lorsque le curé de la basilique qu'il avait remplie de ses sereines improvisations vint lui apporter, sur sa demande expresse, les derniers secours de la religion.

Simples comme sa vie furent ses obsèques.

V. D'INDY.

Le service, par autorisation spéciale, fut célébré non à Saint-Jacques, sa paroisse, mais à Sainte-Clotilde même où M. le chanoine Gardey, curé titulaire, prononça, en chaire, un émouvant éloge funèbre ; puis, sans faste ni apparat, le cortège se dirigea vers le cimetière de Montrouge où la dépouille du maître fut inhumée en un coin reculé. Elle fut exhumée quelques années après et transportée au cimetière Montparnasse.

Aucune délégation officielle du Ministère ou de l'Administration des Beaux-Arts n'accompagna le corps de Franck à sa dernière demeure ; le Conservatoire de musique lui-même, qui le comptait cependant au nombre de ses professeurs, négligea de se faire représenter à la cérémonie funèbre de cet organiste dont les hautes théories d'art avaient toujours semblé un danger pour la quiétude de l'établissement officiel. Ambroise Thomas, directeur, qui, toute sa vie, déversa de dithyrambiques lieux-communs sur de moins dignes tombes, s'empressa de se mettre au lit lorsqu'on lui annonça la visite d'un membre de la famille Franck venant l'inviter aux obsèques ; d'autres importants professeurs surent opportunément se déclarer malades et évitèrent ainsi de se compromettre [1].

---

[1]. Les cordons du poêle étaient tenus par le Dr Ferréol, cousin

Seuls, les nombreux élèves du maître, ses amis, les musiciens que son affabilité sans bornes avait attirés à lui, formèrent une couronne de respectueuse admiration autour du cercueil. César Franck, en mourant, avait légué à son pays une école symphonique bien vivante et vigoureusement constituée, telle que jamais la France n'en avait produit jusqu'alors.

Et c'est avec une grande justesse de prévisions qu'Emmanuel Chabrier, qui ne devait lui survivre que peu d'années, termina ainsi l'allocution très émue qu'il prononça sur la tombe, au nom de la Société Nationale de Musique :

« Adieu, maître, et merci, car vous avez bien
« fait! C'est un des plus grands artistes de ce
« siecle que nous saluons en vous ; c'est aussi
« le professeur incomparable dont le merveil-
« leux enseignement a fait éclore toute une
« génération de musiciens robustes, croyants et
« réfléchis, armés de toutes pièces pour les com-
« bats sévères souvent longuement disputés ;
« c'est aussi l'homme juste et droit, si humain
« et si désintéressé qui ne donna jamais que le
« sûr conseil et la bonne parole. Adieu !... »

Quatorze ans après ces intimes et affectueuses funérailles, presque jour pour jour, les mêmes

du maître, Saint-Saëns, Delibes et H. Dallier, représentant les élèves d'orgue.

disciples, les mêmes amis, les mêmes musiciens, hélas, un peu décimés par la mort, se retrouvaient réunis dans le square qui fait face à la basilique de Sainte-Clotilde pour l'inauguration d'un monument élevé à la mémoire du maître aimé ; mais, cette fois une foule enthousiaste s'était jointe à eux ; cette fois, — à l'exception d'un membre de l'Institut, dont l'inexplicable jalousie poursuivit Franck au delà du tombeau, — tous les gens officiels avaient tenu à figurer aux places d'honneur, le directeur des Beaux-Arts, le directeur du Conservatoire lui-même, y firent des discours très remarqués...

Que s'était-il donc passé de nouveau dans ces quatorze années? — Tout doucement et sans que nul y ait pris garde, le nom de César Franck, naguère vénéré par quelques croyants seulement, était devenu célèbre.

Alors, cette Administration, ce Conservatoire qui, de son vivant, avaient ignoré, sinon méconnu l'obscur professeur d'orgue, s'empressèrent de se réclamer de lui ; alors, nombre de compositeurs qui auraient cru se compromettre en allant lui demander des conseils, se trouvèrent, comme par enchantement, avoir été ses élèves...

L'Institut, cependant, ne put se faire officiellement représenter à l'inauguration de ce monument, car, tandis qu'il accueillait dans son sein vénérable de flagrantes non-valeurs, comme l'auteur des *Noces de Jeannette* et celui du *Voyage en Chine*... pour ne parler que des morts, il ne sut jamais ouvrir ses portes à l'un des plus grands musiciens qui ait honoré notre pays de France.

Qu'importent, au reste, ces passagères étiquettes, qu'importent ces mesquines distinctions à ceux qui, comme un Veuillot en littérature, un Puvis de Chavannes en peinture, un César Franck en musique, ont su, par la beauté et la sincérité de leur œuvre, mériter le libre nom d'artiste créateur?

II

L'HOMME PHYSIQUE. — L'HOMME MORAL.

Au physique, Franck était de petite taille, il avait le front développé, le regard vif et loyal, bien que ses yeux fussent comme enfouis sous l'arcade sourcilière, le nez un peu fort, le menton fuyant sous une large bouche extraordinairement expressive, le visage de forme ronde, encore élargi par des favoris épais et grisonnants ; telle est la figure que nous avons honorée et aimée pendant vingt ans et qui, à part le blanchissement de la chevelure, ne changea point jusqu'à la mort.

Somme toute, rien, dans cet aspect, qui parût révéler un *artiste* conforme au type conventionnel créé par les légendes romantiques ou montmartroises ; aussi, quiconque coudoyait dans la rue cet être toujours pressé, à la physionomie distraite et perpétuellement grimaçante, trottant plutôt que marchant, et vêtu de redingotes trop amples et de pantalons trop courts, ne pouvait soupçonner la transfiguration qui s'opérait alors qu'il expliquait ou commentait au piano une belle œuvre d'art, ou bien encore, lorsque, une main à son front et l'autre comme en arrêt vers la combinaison des jeux et le choix des registres, il préparait à l'orgue l'une de ses grandes improvisations. Alors, la musique l'enveloppait tout entier comme une auréole, alors seulement on était frappé par la volonté consciente de la bouche et du menton, alors seulement on remarquait l'identité presque complète du large front avec celui du créateur de la IXe Symphonie, alors, on se sentait subjugué — presque effrayé — par la présence palpable du génie rayonnant autour de la plus haute et de la plus noble figure de musicien qu'ait produit notre XIXe siècle français [1].

1. M. Georges C. Franck possède un portrait de son père, dû au

Au moral, la qualité qui frappait tout d'abord chez Franck, c'était la puissance de travail. Hiver comme été, on le trouvait debout dès cinq heures et demie du matin ; il consacrait généralement les deux premières heures de sa matinée à la composition, c'est ce qu'il appelait « travailler pour lui »; vers sept heures et demie, après un frugal déjeuner, il partait pour aller donner des leçons dans tous les coins de la capitale, car, jusqu'à la fin de sa vie, ce grand homme dut employer la majeure partie de son temps à l'éducation pianistique de quelques amateurs, voire à des cours de musique dans divers collèges ou pensionnats. C'est ainsi que, toute la journée, à pied ou en omnibus, il se transporte d'Auteuil à l'Ile Saint-Louis, de Vaugirard au faubourg Poissonnière ; il ne regagne d'ordinaire son calme logis du boulevard Saint-Michel que pour le repas du soir, et, bien que fatigué de sa journée de labeur, il trouve encore quelques instants pour orchestrer ou copier ses partitions, quand il ne consacre pas sa soirée à recevoir ses élèves d'orgue et de composition et à leur prodiguer des conseils précieux et désintéressés.

C'est donc durant ces deux heures, souvent

pinceau de Mme Jeanne Rongier et qui est certainement la plus fidèle et la plus sincère image de la physionomie du maître.

écourtées; de travail matinal, jointes aux quelques semaines que lui laissaient les vacances du Conservatoire, que furent pensées, disposées, et écrites ses plus belles œuvres. Mais, ainsi que je l'ai dit plus haut, le travail musical, ordinaire occupation de son esprit, ne l'empêchait point de se tenir au courant de toutes les manifestations d'art, et spécialement de la littérature. Il réservait, surtout pendant les vacances, dans la petite maison qu'il louait pour l'été à Quincy, un certain nombre d'heures à la lecture d'ouvrages anciens ou modernes, voire des plus sérieux. Ainsi, un jour qu'il lisait dans son jardin, avec l'attention qu'il portait à toutes choses, l'un de ses fils, le voyant fréquemment sourire, lui demanda : « Mais que lis-tu donc là de si drôle ? » ; et le « père Franck » de répondre : « Un ouvrage de Kant : la « *Critique de la Raison pure...*, c'est très amusant ! » N'est-il point permis de penser que ces paroles, sortant de la bouche du musicien croyant et français, constituent la plus fine des critiques qu'on puisse faire de la lourde et indigeste *Critique* du philosophe allemand ?

Si Franck fut un travailleur actif et opiniâtre, (pendant les deux mois de vacances de l'année 1889, il écrit les quatre parties de son quatuor à cordes et met sur pied les deux derniers actes de son second opéra : *Ghisèle*...), ce n'est point qu'il cherchât dans le résultat de son travail, gloire, argent ou succès immédiat ; il ne prétendit jamais à autre chose qu'à exprimer de son mieux ses pensées et ses sentiments à l'aide de son art, car c'était avant tout un modeste. Jamais il ne connut cet état de fièvre qui ronge, hélas, la vie de tant d'artistes : je veux parler de la course aux honneurs et aux distinctions. Jamais il ne lui vint, par exemple, à l'idée de briguer le fauteuil de membre de l'Institut, non point que, comme un Degas ou un Puvis, il dédaignât ce titre, mais parce qu'il pensait naïvement n'avoir point encore assez fait pour le mériter...

Cette modestie n'excluait pourtant pas chez lui la confiance en soi, si importante chez l'artiste créateur quand elle est appuyée sur un jugement sain et exempt de vanité. Lorsqu'à l'automne, à l'ouverture des cours, le maître, le visage illuminé par son large sourire, nous disait : « J'ai bien travaillé pendant les vacances, je crois que vous serez contents ! », nous étions certains de la prochaine éclosion de quelque chef-d'œuvre. Et alors, sa joie était de réserver dans son existence occupée une ou deux heures de soirée pour rassembler ses élèves de prédilection et leur jouer, au piano, l'œuvre nouvellement terminée en s'aidant, pour traduire les parties vocales, d'un organe aussi grotesque que chaleureux. Il ne dédaignait même pas de demander à ses élèves leur avis sur cette œuvre, et, mieux encore, de s'y conformer, si les observations que ceux-ci osaient faire lui paraissaient bien fondées.

Assiduité constante dans le travail, modestie, conscience artistique, tels furent les points saillants du caractère de Franck; mais il est encore une qualité, bien rare, celle-là, qu'il posséda à un très haut degré, ce fut la bonté, l'indulgente et sereine bonté.

Le mot le plus spécialement employé par le maître était le mot : aimer. « *J'aime*, » disait-il d'une œuvre ou même d'un détail qui appelait sa sympathie ; et en effet, ses œuvres, à lui, sont tout amour, et ce fut bien par l'amour, par la haute charité qu'il régna sur ses disciples, sur ses amis, sur les musiciens de son temps qui avaient quelque élévation de pensée, et c'est par amour pour lui que d'autres ont tenté de continuer son œuvre de bonté.

Il ne faudrait cependant pas inférer de là que le maître fût d'un tempérament froid et placide, tant s'en faut ; c'était un passionné, et, certes, toutes ses œuvres en font foi.

Qui de nous ne se souvient de ses saintes colères contre la mauvaise musique, et de ses tonitruantes apostrophes lorsque nos doigts malhabiles s'égaraient, à l'orgue, en de fautives combinaisons harmoniques, et de ses soubresauts d'impatience quand la sonnette de l'autel le forçait à terminer trop brusquement un offertoire bien exposé? — Mais ces emportements de *méridional du Nord* concernaient généralement des principes d'art, rarement des personnes, et jamais, pendant les longues années vécues à ses côtés, je n'ai entendu dire qu'il eût, en quoi que ce soit, fait sciemment de la peine à quelqu'un. Comment cela aurait-il pu être, puisque son âme était inapte à concevoir le mal? Jamais il ne voulut croire aux basses jalousies que son talent suscitait parmi ses collègues, et non les moins réputés ; jusqu'à son lit de mort, il garda sa bienveillance dans le jugement des œuvres d'autrui.

M. Arthur Coquard, dans une étude publiée en 1890, rapporte, à ce sujet, une bien typique anecdote que je veux citer ici :

« Avec quelle sincérité, écrit M. Coquard, il
« jouissait de ce qu'il y a de beau dans l'art con-
« temporain, avec quelle simplicité il rendait
« justice à des confrères plus heureux ! Les
« vivants n'avaient pas de juge plus équitable,
« plus bienveillant, qu'ils aient nom Gounod,
« Saint-Saëns ou Léo Delibes. L'une des der-

« nières paroles qu'il me dit concerne M. Saint-
« Saëns et je suis heureux de la reproduire
« fidèlement.
   « C'était le lundi soir, quatre jours avant sa
« mort. Il éprouvait un mieux relatif et je lui
« donnais des nouvelles du Théâtre-Lyrique[1]
« auquel il s'intéressait vivement. Je lui parlais
« naturellement de la soirée d'ouverture, de
« *Samson et Dalila*, qui avait obtenu un grand
« succès, et j'exprimais en passant mon admira-
« tion pour le chef-d'œuvre de M. Saint-Saëns.
   « — Je le vois encore, tournant vers moi sa
« pauvre figure souffrante pour me dire vive-
« ment et presque joyeusement, de cet accent
« vibrant que ses amis connaissaient : *Très beau!*
« *très beau!* »

Oui, le maître des *Béatitudes* sut passer dans la vie les yeux fixés vers un très haut idéal, sans vouloir ni pouvoir même soupçonner les vilenies inhérentes à la nature humaine, dont la gent artiste est, malheureusement, bien loin d'être exempte.

Cette force continue, cette inaltérable bonté, ce fut dans sa foi que Franck les puisa, car il était profondément croyant. Chez lui, comme chez tous les *grands*, la foi en son art se con-

---

1. L'un des nombreux *théâtres lyriques* parisiens fondés depuis 1870 et qui eurent tous une fort éphémère existence.

fondait avec la foi en Dieu, source de tout art.

Quelques personnes peu perspicaces, ou manquant totalement de sens critique, ont voulu comparer le Jésus de Franck, si divinement aimant et miséricordieux, au louche philanthrope présenté sous ce nom par Ernest Renan ; ces personnes n'ont assurément jamais rien compris aux *Béatitudes*, et, à coup sûr, elles n'eussent point écrit ce non-sens si, comme ceux d'entre nous qui étaient admis à la tribune de Sainte-Clotilde, elles avaient pu assister à l'acte de foi accompli très simplement chaque dimanche par le maître, alors qu'au moment de la Consécration, il interrompait l'improvisation commencée, et que, descendant de l'orgue, il allait, au coin de la tribune, s'incliner en une fervente adoration devant le Dieu de l'autel.

Croyant, Franck le fut, certes, comme un Palestrina, un Bach ou un Beethoven ; confiant en l'autre vie, il ne rabaissa point son art à tâcher d'obtenir en celle-ci une vaine gloire ; il eut la sincérité naïve du génie. Aussi, tandis que l'éphémère renommée de bien des artistes qui ne virent dans le travail qu'un moyen d'acquérir fortune ou succès, commence actuellement à entrer dans l'ombre pour n'en plus sortir jamais, la figure séraphique du « père Franck », qui travailla pour l'Art uniquement, plane de plus en plus haut dans la lumière, vers laquelle, sans compromissions ni défaillances, il s'est dirigé toute sa vie.

L'ARTISTE
ET L'ŒUVRE MUSICAL

I
LA GENÈSE DE L'ŒUVRE.

Qui veut être à même de juger synthétiquement et avec sincérité l'œuvre d'un artiste de génie doit tout d'abord remonter aux causes premières, souvent lointaines, de cet œuvre et tâcher de discerner la souche d'art à laquelle on doit le rattacher.

Quelque opinion que l'on puisse avoir sur le plus ou moins d'importance de ce que l'on est convenu d'appeler la personnalité artistique, il est un fait indéniable que le gros bon sens du bégayant Bridoison se plaît à constater lui-même : « On est toujours le fils de quelqu'un. » Ni l'homme, ni l'œuvre de génie ne naissent spontanément sur terre ; ils se relient toujours à un ordre préétabli, parfois très antérieurement, dont ils restent, en des époques très diverses, comme de directes émanations. Le développement de l'Art pourrait donc être assez justement comparé à l'état d'un arbre dont les invisibles racines s'alimentent des sucs de la terre, sources de la vie matérielle comme les religions sont celles de la vie artistique. Bientôt, le rythme de l'arbre se fait jour, il perce la croûte nourricière, il apparaît à l'air libre, plutôt résultante passive que cause efficiente ; de même, le premier ouvrier génial, bénéficiant inconsciemment du travail accompli par les forces cachées, commence à se manifester en des œuvres qui constituent plutôt un corps de doctrine que de véritables formes de beauté.

De cette tige, d'abord si ténue, qui est l'Art, sortent peu à peu des branches qui ont pour mission d'engendrer elles-mêmes un certain nombre d'autres rameaux, et c'est bien ainsi que se forment les diverses variétés de l'expression artistique. Tout rameau vigoureusement enté sur le tronc principal saura, sous l'action fécondante de la sève, porter feuilles, fleurs et fruits ; mais toute branche qui, soit pour cause d'accident ou de maladie, soit par refus de recevoir le suc nourricier, se sera séparée de l'entité traditionnelle, est fatalement destinée à se dessécher et à mourir.

Celle-ci, nous dit l'Évangile, sera coupée et jetée au feu.

Il n'en est pas autrement de la vie de l'Art que de l'existence de l'arbre ; chaque rameau, chaque artiste créateur, a une mission, celle de contribuer à la croissance du tronc d'où il est sorti. Certes, il peut pousser dans le sens qui lui plaît, prendre telle direction plus adéquate à sa nature, varier à l'infini ses produits, mais, tout en s'élevant toujours plus haut, il ne doit point cesser de s'alimenter à la source traditionnelle ; telles sont les conditions imprescriptibles du véritable progrès.

C'est pour avoir voulu chercher son élément nutritif dans une sève déjà tarie, l'art païen, que la Renaissance, procédant par à-coups et malgré de glorieux et géniaux efforts, ne put donner le jour qu'à une forme d'art stérile et sans réelle portée esthétique.

Franck, lui, fut tout le contraire d'un renaissant. Bien loin de regarder la forme comme une *fin*, ainsi que firent la plupart des peintres et architectes de la Renaissance créant de cette façon un type de beauté *conventionnel* qui nuisit grandement au développement normal de l'art, (car il ne faut pas oublier que *tradition* et *convention* sont deux termes opposés par définition et qui s'excluent l'un l'autre), — encore plus éloigné du système de quelques modernes renaissants qui tendent à abolir toutes formes, peut-être parce qu'ils ne se sentent point assez forts pour en créer d'efficaces, Franck ne considéra jamais cette manifestation de l'œuvre qu'on appelle *forme*, que comme la partie *corporelle* de « l'être œuvre d'art », destinée à servir d'enveloppe apparente à l'*idée* qu'il nommait lui-même « l'âme de la musique »; et nous verrons, en effet, dans ses œuvres, la *forme* se modifier selon la nature de l'*idée*, tout en restant fermement fondée sur les grandes assises qui constituent la tradition naturelle de tout art.

Si Franck n'eut rien d'un renaissant, il fut, au contraire, par ses qualités de clarté, de lumière et de vie, infiniment plus près des beaux peintres italiens des XIVe et XVe siècles; ses ancêtres furent bien plutôt les Gaddi, les Bartolo Fredi, les Lippi que les artistes des époques postérieures. Les anges d'un Perugino même, avec leurs mouvements déjà un peu maniérés, n'ont presque plus rien de commun avec ceux de *Rédemption*, et s'il nous est permis de retrouver dans telle fresque de Sano di Pietro la Vierge des *Béatitudes*, il ne viendrait jamais à notre esprit d'évoquer cette image devant la belle boulangère qui servit de modèle au Sanzio ou même devant l'habile mise en scène d'une *Pieta* de Van Dyck ou de Rubens.

L'art de Franck fut donc, comme celui des peintres siennois et ombriens de la première époque, un art de claire vérité et de sereine lumière, mais de lumière toute spirituelle excluant toute touche de couleur violente, car, si Franck fut un expressif, il ne fut jamais un coloriste au sens réel du mot, il faut savoir lui reconnaître ce défaut, et, en cela encore, il devient impossible de le rattacher aux Flamands ou aux Hollandais.

Mais en continuant à rechercher ses liens ataviques, nous rencontrons une autre lignée d'artistes à laquelle il est intimement apparenté, celle des modestes et admirables constructeurs auxquels nous devons le merveilleux type de beauté et d'eurythmie qu'est notre cathédrale française. De nos doux *imaigiers*, de nos robustes *bâtisseurs* du XIIIe siècle français, César Franck, nous l'avons vu dans le portrait moral que nous avons tenté de tracer, partagea la modestie, la simplicité, l'abnégation, il en eut également l'absolue sincérité dans l'inspiration et la consciencieuse naïveté dans l'exécution de l'œuvre.

Je ne crains point d'être contredit en affirmant que nul musicien moderne ne fut plus honnêtement sincère, en ses œuvres comme en sa vie, que César Franck ; nul ne posséda à un plus haut degré la *conscience artistique*, cette pierre de touche du génie.

Dans plusieurs œuvres du maître, nous pouvons trouver la preuve de cette assertion ; en effet, l'artiste vraiment digne de ce nom n'exprime bien que ce qu'il a pu ressentir lui-même et éprouve de grandes difficultés à rendre par son art, un sentiment étranger à sa nature ; or, il est remarquable qu'en raison même de cette disposition dont j'ai parlé plus haut à ne pouvoir soupçonner le mal, Franck ne réussit jamais à exprimer d'une façon satisfaisante la perversité humaine, et, dans toutes celles de ses œuvres où il fut forcé de traiter des sentiments comme la haine, l'injustice, le *mal* en un mot, ces parties sont incontestablement de beaucoup les plus faibles ; il suffira, pour s'en convaincre, de lire les chœurs des révoltés, des injustes et des tyrans de la cinquième et de la septième *Béatitudes*, comme aussi la plus grande partie du rôle de Satan dans cette dernière où l'esprit du Mal prend l'allure pompeuse et déclamatoire d'un démon de Cornélius ou même de Wiertz.

Il est donc tout naturel qu'en dehors de la musique pure, genre dans lequel il excella, César Franck fût porté, par un talent que sa sincérité rendait conforme à son caractère, vers la peinture des scènes bibliques ou évangéliques

— l'*Ange et l'enfant*, la *Procession*, la *Vierge à la crèche*, *Ruth*, *Rébecca*, *Rédemption*, les *Béatitudes*, — dans laquelle de radieuses théories d'anges, comme en purent rêver un Filippo Lippi ou un Giovanni da Fiesole, viennent se mêler à d'admirables justes pour chanter les perfections infinies du Très-Haut.

Son œuvre fut, comme celui de nos poètes de la pierre, de nos bons Français constructeurs de cathédrales, tout de splendide harmonie et de mystique pureté. Même lorsqu'il traite des sujets profanes, Franck ne peut se départir de cette conception angélique; ainsi l'une de ses productions est en ce sens particulièrement intéressante, je veux parler de *Psyché* où il eut l'intention de paraphraser musicalement le mythe antique.

Cette partition est divisée, on le sait, en parties chorales où les voix jouent le rôle de l'ancien *historicus* racontant et commentant la fable, et en morceaux d'orchestre seul, petits poèmes symphoniques destinés à peindre le drame même qui se déroule entre les deux personnages agissants.

Or, prenons la pièce capitale de l'œuvre, le *duo d'amour*, pourrait-on dire, entre Psyché et Eros, il nous sera difficile de la considérer autrement que comme un dialogue éthéré entre l'*âme*, telle que la concevait le mystique auteur de l'*Imitation de Jésus-Christ*, et un séraphin descendu des cieux pour l'instruire des vérités éternelles. Telle a, du moins, toujours été ma propre impression vis-à-vis de ce séduisant tableau.

D'autres maîtres, appelés à illustrer musicalement le même sujet, n'eussent point manqué de chercher à dépeindre, l'un, l'amour physiologique sous ses plus réalistes aspects (voyez par exemple le *Rouet d'Omphale*), l'autre cet érotisme discret et quasi-religieux qui fut très à la mode dans les salons il y a quelques années (comparez *Ève* et *Marie-Magdeleine*).

Je crois que Franck a su choisir la meilleure part et j'oserai même affirmer qu'en agissant ainsi, presque naïvement, il a serré de plus près la véritable signification de l'antique histoire qui eut de si nombreux avatars dans la poésie médiévale et même dans les temps modernes, jusques et y compris *Lohengrin*.

Mais c'est surtout en raison du don des géniales architectures, que la comparaison de la personnalité de Franck avec celle de nos artistes du XIIIe siècle français s'impose d'une façon bien nette. Choix judicieux des éléments premiers, discernement infaillible de la valeur et de la qualité des matériaux employés, et enfin

entente merveilleusement pondérée de la mise
en œuvre de ces matériaux et de l'ordre logique
dans lequel ils doivent être présentés pour la
bonne harmonie et la solidité du monument
sonore.

Donc, si, par la pureté et la lumière dans l'invention, César Franck peut être rattaché aux
primitifs italiens de la belle époque qui précéda
le XVIe siècle, et si son origine wallonne peut
expliquer la facilité de son intelligence à embrasser sans effort les combinaisons qui paraîtraient
à d'autres les plus compliquées, il est et il restera éminemment français par l'esprit d'ordre,
de style et de pondération qui règne sur son
œuvre entier.

Et c'est peut-être pour cela, — car j'aime à
supposer que ce n'est point chez eux mauvaise
foi ou méconnaissance de l'art, — que les Allemands ne comprennent point encore sa musique
dont la lumineuse logique se prête mal à être
assimilée par des esprits, profonds je le veux
bien, mais auxquels manquera toujours le sentiment des justes proportions et du bon style ;
l'intempestif Walhalla grec près de Ratisbonne,
les tableaux abscons de Bœcklin et les trop
longs poèmes musicaux de Richard Strauss en
sont de flagrantes preuves.

Parmi tous les critiques d'art qui ont plus ou

moins intelligemment parlé du maître, aucun n'a mieux compris et plus excellemment exprimé le côté bien français du tempérament artistique de Franck qu'un professeur de philosophie, M. Gustave Derepas, qui publia en 1897 une étude très documentée sur la vie, l'œuvre et l'enseignement de l'auteur de *Rédemption*. On m'en voudrait de ne pas citer textuellement quelques passages de cette plaquette, probablement introuvable aujourd'hui et qui vaut cependant, pour la pénétration intime de l'esprit de Franck, beaucoup mieux que bien des articles plus pompeusement écrits et émanant de critiques dits *autorisés*.

Au cours d'une comparaison entre la conception d'art wagnérienne et celle de Franck, M. Derepas écrit : « Le mysticisme de César Franck
« traduit l'âme directement et lui laisse, en ses
« élans vers le divin, sa pleine conscience. La
« personne humaine, à travers les accents de
« l'amour joyeux ou douloureux, garde son
« intégrité. Tout cela parce que le Dieu de
« César Franck lui a été révélé par l'Évangile
« et diffère du Wotan des Nibelungen comme le
« plein jour de midi diffère du pâle crépuscule.
« Franck laisse aux Allemands leurs nébuleuses
« rêveries ; il garde toujours du Français, ce à
« quoi nous ne tenons peut-être plus assez : la

« raison lumineuse, le bon sens, avec l'équilibre
« moral [1]. »

Un peu plus loin, il ajoute : « L'atmosphère où
« se meut César Franck s'éclaire d'une lumière
« très nette, s'anime d'un souffle qui est vrai-
« ment la vie. Sa musique ne fait ni la bête, ni
« l'ange. Bien équilibrée à égale distance des
« grossièretés matérialistes et des hallucinations
« d'un équivoque mysticisme, elle prend l'homme
« avec ses douleurs et ses joies positives pour
« l'élever sans vertige vers la paix et la sérénité,
« en révélant en elle le sens du divin. Elle pro-
« voque ainsi, non plus l'extase mais le recueille-
« ment. L'auditeur qui s'abandonnerait docile-
« ment à sa bienfaisante action, reviendrait de la
« superficielle agitation au *centre de l'âme* et y
« retrouverait, avec le meilleur de lui-même,
« l'attrait du *suprême désirable* qui est en même
« temps le *suprême intelligible*. Sans cesser
« d'être homme, il se sentirait plus près de
« Dieu. Cette musique *vraiment sœur de la*
« *prière comme de la poésie*, au lieu d'énerver
« et d'affaiblir, *rend à l'âme, ramenée à sa*
« *source, la sève des sentiments, des lumières,*
« *des élans, elle ramène vers le ciel, lieu du*

---

1. *César Franck, étude sur sa vie, son enseignement, son œuvre* par Gustave Derepas, docteur ès lettres, agrégé de philosophie, Paris, Fischbacher, 1897.

« repos[1]. Bref, elle nous conduit de l'égoïsme à
« l'amour, par le procédé des vrais mystiques
« chrétiens : du monde à l'âme, de l'âme à Dieu :
« *ab exterioribus ad interiora, ab interioribus*
« *ad superiora*.
« Aimer, ne sortir de soi que pour monter
« plus haut, c'est bien la méthode dont nous par-
« lions précédemment, pratiquée d'instinct par
« les plus fiers génies ; ce fut celle de César
« Franck et elle donne le secret de son style. »
Quittons maintenant les considérations générales et les questions d'atavisme artistique et tâchons d'appliquer les précédentes remarques à la production musicale même de l'artiste ; nous ne manquerons pas, en examinant synthétiquement l'œuvre, d'être frappés du profond classicisme qui en émane. M. Paul Dukas, dont la plume élégante et sûre traça dans la *Chronique des Arts*[2] un si digne aperçu du style du maître, écrit avec une parfaite justesse d'observation : « Son classicisme n'est point de pure
« forme, ce n'est pas un remplissage plus ou
« moins stérile de cadres scholastiques comme
« en suscita par centaines l'imitation de Beetho-
« ven et plus tard de Mendelssohn, comme en

1. Les phrases en italique sont des citations tirées du livre du P. Gratry : *Les Sources*.
2. Année 1904, n° 33, p. 273.

L'ARTISTE ET L'ŒUVRE MUSICAL 59

« produit chaque année le respect de vaines
« traditions. La musique de Franck se manifeste,
« il est vrai, de préférence, d'après l'ordonnance
« régulière des coupes consacrées par le génie
« des maîtres, mais ce n'est point de la reproduc-
« tion des formes de la sonate ou de la sympho-
« nie qu'elle tire sa beauté. Ces grandes cons-
« tructions sonores où se complaît une pensée
« qui, pour s'exprimer toute, a besoin des
« amples périodes, du vaste espace qu'elles lui
« accordent, s'édifient d'elles-mêmes, ainsi qu'il
« sied, sous l'impulsion nécessaire de son déve-
« loppement. Et c'est parce que, chez Franck,
« cette pensée est classique, c'est-à-dire aussi
« générale que possible, qu'elle revêt naturelle-
« ment la forme classique, et non pas en vertu
« d'une théorie préconçue ni d'un dogmatisme
« réactionnaire qui subordonnerait la pensée à
« la forme.

« Les productions de cette espèce, semblables
« à des organismes dans lesquels la fonction
« crée l'organe, sont aussi différentes des sché-
« matismes de la plupart des néo-classiques
« qu'un corps vivant d'une cire anatomique.
« Elles se soutiennent aussi fortement par leur
« principe caché que les ouvrages dans lesquels
« la forme n'est pas engendrée par la pensée se
« soutiennent peu. Elles prospèrent où ils lan-

« guissent et, tandis qu'ils passent, elles demeu-
« rent. »

Et j'ajouterai, moi, que c'est précisément parce que la pensée de Franck ne cesse de s'alimenter à la *tradition* (et ne reste point esclave de la *convention*) qu'elle a pu acquérir la force d'être absolument originale et par conséquent de pousser d'un sain et vigoureux élan sur l'arbre traditionnel, apportant ainsi sa contribution personnelle au progrès de la musique.

Beethoven, haute résultante de la force classique, qui, lui-même, avait commencé par écrire des pièces symphoniques de pure forme avant de se créer une place géniale dans la marche ascensionnelle de l'art, Beethoven avait jalonné, par les œuvres de sa troisième époque (1815-1827), une voie dans laquelle il s'était à peine engagé lui-même, mais qu'il ouvrait toute grande devant ceux de ses successeurs doués d'un tempérament assez solide pour s'y frayer une route, tout en sachant en éviter les dangers.

Il ne s'agissait de rien moins que de la transformation ou plutôt de la rénovation de la *forme-sonate*, cet admirable canevas de tout art symphonique qui s'était imposé depuis le xviie siècle à tous les musiciens en vertu de son harmonieuse logique. Cette rénovation, Beethoven l'indiqua, d'une façon peut-être un peu inconsciente, mais certaine cependant, par l'association au plan architectural de la sonate, de deux autres formes qui, jusqu'alors, en avaient été essentiellement séparées.

L'une, la *fugue* avait eu, avec J.-S. Bach, ses prédécesseurs et ses contemporains, un moment d'ineffable grandeur; l'autre, la *grande variation*, n'ayant rien de commun, disons-le bien vite, avec le « thème varié » qui fit la joie des auditeurs d'Haydn et le tourment des pianistes romantiques, avait été entrevue par J.-S. Bach, esprit universel, et quelques très rares compositeurs.

Ce furent ces deux formes, traditionnelles s'il en fut, mais d'où la vie avait semblé se retirer peu à peu, que Beethoven remit en œuvre pour vivifier à nouveau la sonate languissante et ce fut de là que partit un système de structure musicale tout nouveau, mais cependant, et par cela même, basé solidement sur l'antique tradition.

N'ayant pas à faire ici un historique de l'art beethovénien, il me suffira, pour donner des exemples de cette transformation, de désigner les sonates pour piano, op. 106 et 110 et les quatuors op. 127, 131 et 132 ; ceux de nos lecteurs qui ont attentivement étudié ces œuvres de marche en avant me comprendront.

Ayant amorcé et éclairé la route par ces colossales lumières, Beethoven mourut, et, chose curieuse, personne, à ce moment, en aucune des trois nations artistiques, ne parut apercevoir ces lueurs nouvelles. L'Italie, splendeur musicale du xvi° siècle, se traînait alors dans une clinquante dégénérescence dont elle est fort loin d'être sortie à l'heure actuelle ; la France, enlisée dans l'opéra de l'école judaïque, ne fournissait aucune production d'ordre symphonique, car les quintettes à tout faire d'Onslow ne valent pas plus en ce sens que les quatuors de Gounod, les ouvertures d'Halévy ou les marches de Meyerbeer. Quant à Berlioz, adorateur passionné de Beethoven en ses écrits, — le comprit-il vraiment ? c'est un point qui est encore à élucider, — il en reste aussi éloigné que possible dans son art, et il est difficile de trouver des antipodes artistiques aussi complètement opposés par la pensée créatrice comme par l'exécution, que l'esprit qui conçut la *Symphonie fantastique* ou la *Damnation de Faust* et celui qui sut ordonner la *Missa solemnis* et le *douzième quatuor*.

Quant à la symphonique Allemagne, elle n'avait nullement profité des indications beethovéniennes ; aucun auteur n'avait tenté de faire sien cet héritage laissé, comme le glaive légendaire des sagas septentrionales : au plus digne.

Les élégantes symphonies de Mendelssohn, pas plus que celles de Spohr, n'ont apporté à l'ancienne forme aucun élément nouveau ; Schubert, Schumann, si primesautiers, si géniaux véritablement dans le genre du *lied* ou de la petite pièce instrumentale, se trouvent considérablement gênés dans la sonate ou dans la symphonie, — peut-être parce qu'ils ne savaient pas assez de ce que Spohr et Mendelssohn savaient trop ; — Brahms lui-même, malgré un sens du développement qu'on peut, sans exagération, rapprocher de celui de Beethoven, ne sut point tirer parti des précieux enseignements laissés pour l'avenir par le maître de Bonn, et son copieux bagage symphonique ne peut être regardé que comme une continuation et non comme un progrès.

Le fil du discours beethovénien, rompu par le Destin, gisait donc inemployé, lorsqu'un jeune homme de dix-neuf ans s'avisa de tenter de le renouer à ses propres pensées et d'en faire le solide lien de formes et d'expressions musicales nouvelles.

C'est, en effet, vers la fin de l'année 1841, quatorze ans après la mort de Beethoven, que doit remonter la composition du premier trio (en *fa dièze*) de César-Auguste Franck, de Liège.

Comment le jeune élève du Conservatoire de

Paris put-il concevoir l'idée d'établir une œuvre importante sur la base d'un thème unique concourant avec d'autres mélodies également rappelées au cours de l'ouvrage, à créer de toutes pièces un *cycle musical* (forme que Liszt seul avait entrevue sans arriver jamais à une parfaite présentation), cela est et restera probablement un mystère.

Quoi qu'il en soit, ce premier trio, avec ses deux thèmes générateurs, traités soit dans le sens de la fugue, soit dans celui de la variation comme Beethoven l'avait voulu, fut bien vraiment le point de départ de toute l'école synthétique de symphonie qui a surgi en France à la fin du XIXe siècle, et il doit, à ce titre, marquer une date dans l'histoire de la musique.

Dans l'œuvre de Franck lui-même, la *Sonate*, le *Quintette*, le sublime *Quatuor*, les *Chorals* et jusqu'aux *Béatitudes*, tout n'est qu'une conséquence de l'assimilation de l'héritage beethovénien à une intelligence vraiment créatrice.

Donc, tradition et classicisme dans l'édification et le style synthétique de son œuvre, et, en raison même de cela, liberté complète dans l'expression de sa propre personnalité qu'il sentait assez étayée sur cette tradition pour pouvoir lui laisser libre cours au point de vue de la marche mélodique et des agrégations harmo-

niques; et c'est très justement que, dans l'article dont je citais tout à l'heure un fragment, M. Paul Dukas a pu dire : « La langue de
« César Franck est rigoureusement individuelle,
« d'un timbre et d'un accent jusqu'à lui inusités
« et qui la font reconnaître entre toutes. Aucun
« musicien n'hésiterait sur l'attribution d'une
« phrase encore inconnue du maître. La frappe
« harmonique, le contour de sa mélodie, la dis-
« tinguent de toute autre aussi nettement qu'une
« phrase de Wagner ou de Chopin. Et peut-être
« n'est-ce qu'à la condition d'être doué d'une
« originalité musicale aussi puissante qu'il est
« permis de rechercher la grande expression,
« l'accent impersonnel à force de généralité, qui
« caractérise l'art classique. En tout cas, on peut
« affirmer sans crainte d'erreur que c'est de
« l'alliance de cette expression-là, se manifestant
« au moyen d'une forme traditionnelle, modifiée
« à l'infini par les particularités d'un vocabu-
« laire et d'une syntaxe inouïs jusqu'à elle, que
« l'œuvre de César Franck prend toute sa gran-
« deur. »

Pour se mieux rendre compte de la justesse de cette observation, il convient d'examiner de plus près encore le style du maître, et cet examen, on va le voir, aura pour résultat de constater ceci, que, dans la généralité de son œuvre, la sensation de nouveau, d'inentendu, de personnel en un mot, est due simplement à la consciencieuse application de son intime pensée artistique si nette, si claire, si sincère, aux trois éléments primordiaux de l'expression musicale : la mélodie, l'harmonie, le rythme. En effet, quelles seraient les principales caractéristiques du style de Franck, sinon :

Noblesse et valeur expressive de la phrase mélodique ;

Originalité de l'agrégation harmonique ;

Solide eurythmie de l'architecture musicale ?

Oui, notre maître était un mélodiste dans la plus haute acception du terme ; ses thèmes n'ont rien de commun avec ce que les habitués du Théâtre Italien nommaient indûment, pendant la plus grande partie du XIXe siècle du beau nom de *mélodie ;* ils ne ressemblent pas davantage aux courtes et essoufflées successions de notes que, dans certaines partitions modernes, on décore de l'étiquette *motif*. Les thèmes de Franck sont de vraies mélodies, amplement établies sur un sérieux et solide organisme ; il les cherchait longtemps et les trouvait presque toujours. Dans sa musique, tout chante et chante constamment ; il ne pouvait pas plus concevoir une pièce musicale sans une ligne mélodique aux contours très choisis mais très nets, qu'Ingres n'aurait pu songer à un sujet pictural sans l'entourer d'un impeccable dessin.

C'est également à la richesse et à l'abondance de la veine mélodique que l'harmonie de Franck doit toute son originalité; en effet, si l'on veut considérer le discours musical horizontalement, suivant les principes féconds des contrapuntistes médiévaux, et non pas verticalement selon l'usage des compositeurs qui sont seulement harmonistes, on trouvera que les contours des diverses phrases mélodiques superposées, forment, dans cette musique, des agrégations de notes d'une nature particulière qui constituent un style autrement fort et séduisant que les banales et incohérentes suites d'accords alignées par les producteurs qui ne voient pas plus haut que leur traité d'harmonie.

Mais c'est principalement dans le domaine du rythme, pris dans sa plus large signification, ou, si l'on aime mieux, dans le domaine de l'architecture musicale, que Franck sut se créer une place absolument à part. Reprenant, comme je l'ai dit, l'art de la construction au point précis où Beethoven l'avait laissé, il sut créer ce que nous nommons maintenant le *style cyclique*, (trouvaille aussi importante dans l'ordre symphonique que le fut le style wagnérien dans les manifestations dramatiques), et fonder sur la tradition des grands maîtres passés un nouveau mode de construction musicale dont je donnerai plus loin de frappants exemples.

Au surplus, la préoccupation de toute sa carrière fut de trouver dans tous les sens du rayonnement musical, des formes (j'allais dire des ondes) nouvelles, tout en gardant comme base d'investigation les principes certains et immuables posés par la tradition des génies de la Musique.

II

LES PRÉDILECTIONS. — LES INFLUENCES.

Je ne voudrais pas aborder l'étude spéciale de l'œuvre avant d'avoir dit quelques mots sur ce que je pourrais appeler les affections musicales de mon maître, ainsi que sur sa méthode de travail, si tant est qu'on puisse avancer qu'il ait consciemment érigé des habitudes en méthode.

La première prédilection de César Franck, je pourrais presque dire son premier amour, — et là encore nous retrouvons l'atavisme de race signalé plus haut, — fut sans contredit pour les œuvres de nos musiciens français de la fin du XVIIIe siècle : Monsigny, dont il admirait sans réserve le *Déserteur*, ce petit chef-d'œuvre d'expression et de grâce, Dalayrac, dans les opéras duquel il chercha des thèmes pour ses premières fantaisies de piano[1], Grétry, dont il ne pouvait, même dans son âge mûr, relire certains passages sans éprouver une réelle émotion, Méhul surtout dont le *Joseph* le transportait d'admiration : « Comment décrire sa joie », écrit M. Arthur Coquard[2], « comment décrire son enthousiasme, « un jour que le hasard remit sous ses yeux « l'admirable duo de la jalousie, d'*Euphrosine et* « *Coradin?* Il le chanta plusieurs fois de suite « avec transport; et je le vois encore se lever et « me dire tout ému : *Voilà de la musique dra-* « *matique*... et de la musique *par-dessus le* « *marché!* »

Et, en effet, pendant la longue période de près de vingt années qui constitue la première manière d'être de son talent, il n'est point rare de rencontrer dans l'inspiration mélodique comme un souffle de l'auteur de *Stratonice*. Certains thèmes du premier et du quatrième trio, celui de la ballade en *si majeur* pour piano, de nombreuses pages de *Ruth* et même d'œuvres postérieures pourraient presque passer pour des motifs de Méhul, si l'on n'y remarquait point déjà une sorte

1. Deux fantaisies pour piano sur *Gulistan*. (V. le Catalogue).
2. *César Franck*, par A. Coquard, brochure parue en 1890 et rééditée en 1904 au *Monde musical*.

de saveur à peine sensible, cependant bien personnelle, qui devint postérieurement le parfum typique de la mélodie franckiste. Telle, la future souffrance perçant parfois à travers la trame mélodique toute mozartienne des premières œuvres du maître de Bonn. Ce ne fut que vers la deuxième étape de son style que Franck sut enfin faire sien et *originaliser* (qu'on excuse ce néologisme) ce tour mélodique qu'il avait reçu des Français, ses maîtres aimés, et qui, sous l'influence de Bach, de Beethoven, de Gluck, en arriva à devenir — depuis les premières pièces d'orgue jusqu'aux *Béatitudes* — cette mélodie si génialement personnelle dont je parlais plus haut et que nul critique avisé ne saurait confondre avec une autre.

Continuant l'historique de ses prédilections, je dirai que certaines grandes œuvres avaient pour lui la signification de beauté absolue et qu'il lui arrivait parfois de s'absorber en leur contemplation au point d'oublier toute contingence. Henri Duparc se souvient encore de quelques leçons de piano au collège de Vaugirard, passées tout entières à l'enthousiaste lecture par le maître, d'un acte d'*Iphigénie en Tauride*, de pièces d'orgue de Bach ou de certains passages d'*Euryanthe*... Une fois l'heure de la leçon terminée, le pauvre professeur était tout marri de s'être laissé entraîner à ces lectures plutôt que d'avoir exercé les doigts de ses élèves au moyen de copieuses gammes ou d'opportunes études ; et cependant, combien plus précieuses pour les jeunes intelligences étaient ces *leçons d'œuvres !*

Outre Méhul, Gluck, Bach, Beethoven, sujets constants de ses admirations, le maître chérissait certains mélodistes intimes comme Schumann et surtout Schubert dont les *lieder* étaient pour lui une source de joies toujours nouvelles ; il avait même une assez inexplicable affection pour quelques œuvres de Cherubini comme aussi pour les *Préludes* et pour les *Chants* de Ch. Valentin Alkan qu'il considérait comme un « poète du piano ».

Quant aux particulières influences mélodiques qui peuvent transparaître à travers la musique de Franck, est-il bien utile de chercher à les déterminer?

Et quand j'aurai fait remarquer certains contours parfois rapprochés de ceux de J.-S. Bach, ce qui n'a rien d'étonnant, étant donné son culte pour l'art du grand *cantor* (voy. le thème principal de la *quatrième Béatitude*) :

quand j'aurai fait ressortir la curieuse coïncidence, au point de vue de l'effet esthétique, du motif initial de la *Symphonie* :

et même de celui de la *troisième Béatitude* :

 etc.

avec la mystérieuse question posée par Beethoven à la fin de son quatuor, op. 135 :

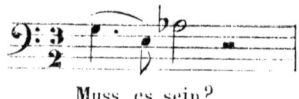

Muss es sein?

quand j'aurai signalé l'apparence meyerberienne de quelques passages — inférieurs — des mêmes *Béatitudes* :

par exemple, et aussi les quelques influences wagnériennes que l'on peut rencontrer dans le chromatisme des *Eolides* comme dans l'emploi, probablement inconscient, du thème des cloches de *Parsifal*[1] (car je sais une époque où il lut

---

1. Dans le choral du *Prélude, choral et fugue* pour piano.

passionnément Wagner, bien que l'on ne puisse vraiment le compter au nombre des wagnéristes de son temps) ; lorsque j'aurai dit tout cela, aurai-je mieux fait connaître le style de mon maître que par les précédentes considérations? Je ne le pense pas, et je ne crois pas, au surplus, qu'il faille attacher aux ressemblances mélodiques ou autres une importance extrême ; les grands contrapuntistes et compositeurs polyphoniques des xve et xvie siècles n'ont rien perdu de leur originalité pour avoir traité — et combien de fois — les mêmes thèmes.

III

LA MÉTHODE DE TRAVAIL.

J'ai déjà parlé, dans la première partie de cette étude, des habitudes régulières du maître quant à son travail de création, et de l'emploi constamment assidu des heures trop peu nombreuses que sa vie de professeur lui permettait d'y consacrer ; je voudrais maintenant dire quelques mots de la façon dont, durant les vingt années environ que j'ai vécu auprès de lui, je l'ai vu tirer parti de ces précieuses heures.

Sans entrer ici dans des détails trop techniques, il me paraît indispensable de rappeler (ou peut-être d'apprendre) au lecteur que la composition de toute œuvre d'art, qu'elle soit d'ordre plastique ou d'ordre phonétique, nécessite, pour l'artiste soucieux d'exprimer sincèrement sa pensée, trois périodes de travail absolument distinctes que nous nommerons : *conception, disposition* et *exécution.*

La première, celle que nous avons appelée période de conception, se subdivise elle-même en deux opérations différentes : *conception synthétique* et *conception analytique,* c'est-à-dire, pour le musicien symphoniste, établissement des grandes lignes, du plan général de l'œuvre et fixation de ses éléments constitutifs, soit : les thèmes ou les idées musicales qui vont être les points essentiels de ce plan.

Ces deux travaux, généralement successifs, sont cependant connexes et modifiables l'un par l'autre, en ce sens que la nature de l'*idée* (élément personnel) peut amener l'artiste créateur à changer l'ordonnance préconçue du plan, tandis que, de son côté, la nature du *plan* (élément général) peut appeler certains types d'idées musicales à l'exclusion de certains autres ; mais, qu'elle soit synthétique ou analytique, la *conception* est toujours indépendante du temps, de l'heure, du milieu, je dirai presque de la volonté de l'artiste ; celui-ci doit attendre, en effet, que les matériaux à l'aide desquels son œuvre sera construite, — matériaux qui expliqueront la forme de la construction tout en subissant l'influence de cette forme, — se présentent à son esprit de façon à le satisfaire complètement. Cette mystérieuse période de conception est parfois fort longue, et surtout chez les grands créateurs (qu'on lise les cahiers d'esquisses de Beethoven), car leur conscience artistique les force à user d'une extrême sévérité dans le choix de leurs expressions, tandis que c'est le propre des compositeurs médiocres, ou trop infatués de leur mérite supposé, de se contenter des premiers matériaux venus dont la mauvaise qualité ne peut constituer qu'un monument fragile et conséquemment sans durée.

La deuxième époque du travail de l'œuvre, que nous nommons *disposition*, est celle durant laquelle l'artiste, tirant parti des éléments précédemment conçus, fixe de façon définitive toute l'ordonnance de la pièce musicale, en son ensemble comme en ses moindres détails.

Ce travail, qui nécessite encore une certaine part d'invention, est parfois accompagné de longues hésitations, de cruelles incertitudes. C'est le moment où on défait un jour ce que l'on a eu tant de peine à édifier la veille, mais c'est aussi celui de la pleine jouissance de se sentir en intime communication avec la Beauté.

Enfin, lorsque le cœur et l'imagination de l'artiste ont conçu, lorsque son intelligence a su disposer, alors vient la dernière période, celle de l'*exécution*, qui n'est plus qu'un jeu pour le musicien dûment informé de son métier; c'est le travail d'écriture, d'instrumentation s'il y a lieu, et de présentation plastique sur le papier de l'œuvre musicale achevée.

Si, pour la conception générale et l'exécution finale de l'œuvre, le procédé de travail se trouve être à peu près identique chez tous les compositeurs, il s'en faut qu'il en soit de même en ce qui regarde la conception thématique et la disposition des éléments ; tel saura attendre patiemment l'éclosion des idées, tel autre, au contraire, tentera d'en hâter la venue violemment et au moyen d'excitants, tel — comme Beethoven — écrira fiévreusement une incroyable quantité d'esquisses différentes pour une seule idée musicale, tel autre — Bach, par exemple — ne fixera plastiquement son thème que lorsque celui-ci sera absolument arrêté dans son esprit.

Le « père Franck » était de ceux qui, comme Gluck et tant d'autres, ont besoin d'excitants pour trouver ; toutefois, ce n'était point en des stimulants factices qu'il s'efforçait de chercher l'inspiration, il faisait pour cela appel à la musique elle-même. Combien de fois ne l'avons-nous pas vu s'escrimant sur son piano à taper en un saccadé et constant fortissimo l'ouverture des *Maîtres chanteurs* ou telle autre pièce de Beethoven, de Bach ou de Schumann? Au bout d'un temps plus ou moins long, l'assourdissant fracas se résolvait en murmure, puis, plus rien..., le maître avait trouvé.

Toute sa vie, autant qu'il le put, Franck employa cette méthode d'appeler l'inspiration par le bruit musical et, un jour, au cours de la composition de ses dernières œuvres, un de ses élèves l'ayant surpris aux prises avec je ne sais quel morceau de piano qu'il massacrait sans pitié, et l'élève s'étonnant du choix de cette musique, le vieux maître lui répondit : « Oh ! c'est seulement
« pour m'entraîner ; au fond, quand je veux
« trouver quelque chose de bien, je me rejoue les
« *Béatitudes*, c'est encore ce qui me réussit le
« mieux. »

Franck jouissait aussi de deux facultés bien précieuses pour un compositeur, la première, de pouvoir mener de front deux occupations musicales diverses sans que l'une nuisît à l'autre ; la seconde, inappréciable entre toutes, d'être à même de reprendre où il l'avait laissée la tâche commencée, sans avoir besoin d'un laps de temps quelconque pour se remettre dans l'ambiance.

Souvent il lui arrivait, au cours des leçons, qu'il donnait cependant avec une extrême conscience, de se lever subitement pour aller, dans un coin de son salon, écrire quelques mesures qu'il ne voulait pas laisser échapper, et de revenir presque aussitôt continuer la démonstration ou l'examen commencés. Des œuvres importantes furent écrites de cette façon, par fragments notés de ci de là, et dont l'enchaînement restait toutefois logique et sans hiatus. Le travail de disposition était toujours celui qui le préoccupait le plus, car, je l'ai dit, tout en restant évidemment classique et traditionnel, il fut toute sa vie dévoré par la soif des formes nouvelles, aussi bien dans les éléments constitutifs que dans la structure de l'œuvre. Au contraire de Beethoven dont les esquisses thématiques ou élémentaires sont innombrables, mais qui, sitôt les thèmes trouvés, semble par cela même en avoir établi tout le développement et néglige parfois de noter la marche de celui-ci dans ses cahiers, Franck crayonnait et raturait de nombreuses pages avant d'arrêter définitivement la *disposition* de l'œuvre.

Très difficile pour les autres au point de vue de la structure musicale, il l'était encore davan-

L'ARTISTE ET L'ŒUVRE MUSICAL

tage pour lui-même et, quand il hésitait sur le choix de telle tonalité relative ou sur la marche de tel développement, il aimait à consulter ses élèves, à leur faire part de ses doutes et à leur demander leur opinion.

Suivant la règle de nature qui veut (quoi qu'on puisse en dire) que la plupart des grands créateurs dont la vie est suffisamment longue, présentent en leur œuvre totale trois modes d'expression différents, on trouve chez César Franck trois styles très nettement tranchés, correspondant chacun à une modification extérieure de son existence et présentant, chacun au moment de son plus complet épanouissement, une œuvre importante que l'on peut regarder comme le type même du style dont elle est la fleur, puisqu'elle en offre toutes les qualités caractéristiques, tout en le synthétisant au point de vue de la représentation formelle.

Je diviserai donc la carrière du maître en trois époques de production ; la première s'étendant de l'année 1841 jusque vers 1858, comprenant les quatre trios, toutes les pièces fugitives pour piano, un grand nombre de mélodies vocales et aboutissant comme point saillant, au premier oratorio : *Ruth*.

La seconde époque va de 1858 à 1872 ; c'est la période de production religieuse, messes, motets, pièces d'orgue ; elle se termine au deuxième oratorio : *Rédemption*.

La dernière manière enfin embrasse toute la musique pour orchestre à partir de 1875, les admirables types de musique de chambre, les deux opéras, les derniers chorals et se concrétise entièrement en la sublime épopée des *Béatitudes*.

Ce sont ces trois époques, ces trois manières d'être successives du génie qui nous occupe, que je veux maintenant présenter au lecteur, par un examen historique et analytique, aussi succinct que possible, des plus importantes œuvres du maître.

IV

PREMIÈRE ÉPOQUE (1841 à 1858)

Il fut un temps — déjà éloigné — où les wagnériens intransigeants prenaient des attaques de nerfs lorsqu'on osait avancer devant eux que l'art de *Tannhäuser* et du *Vaisseau fantôme* est quelque peu inférieur à celui de *Tristan* ou de *Parsifal* ; il en est encore, il en sera toujours ainsi pour les esprits à idées préconçues qui ne veulent — ou ne savent — point raisonner leur opinion. Je ne puis m'empêcher, au reste, de trouver cette disposition à l'idolâtrie envers les hommes de génie ou de talent, assez touchante, bien qu'elle soit peu conforme à la justice ; toutefois, tenu de faire ici œuvre de critique, je dois m'interdire tout jugement rendu sous l'influence de l'amour que je porterai toujours à mon maître regretté, jugement qui, dans ce cas, ne pourrait qu'être partial, et j'aurai le courage de dire que la première manière de Franck, tout en présentant certaines particularités infiniment intéressantes, fut loin de laisser présager tout ce que l'art du maître était appelé à produire par la suite de grand, de neuf, de sublime.

Certaines compositions typiques mises à part, les influences, dans ce premier style, absorbent une notable partie de la personnalité, Beethoven dans les trios, Liszt et les pianistes romantiques dans les pièces pour piano, Méhul enfin et les Français de la fin du xviiie siècle dans toutes les œuvres vocales. Ces influences sont surtout sensibles dans le tour mélodique général et dans la disposition ; quant au rythme synthétique, à l'architecture musicale, points capitaux des deux styles subséquents, il n'en est pas encore question dans cette première période. Bien mieux, on constate avec étonnement un certain embarras, une sorte de timidité dans la structure de la plupart des œuvres, timidité qui a souvent pour effet la plus flagrante monotonie et devient même parfois une cause d'erreurs que Franck n'eût jamais tolérées trente ans plus tard chez ses élèves.

Il est cependant à ceci certaines exceptions. J'en ai déjà signalé une, le premier trio en *fa dièze*, exception d'autant plus remarquable que ce trio est désigné par le maître comme faisant partie de son œuvre 1, bien que j'incline à penser, sans être toutefois à même de le prouver, que la composition de plusieurs pièces pour piano, et surtout d'un certain nombre de mélodies, est antérieure à celle du trio en question.

L'œuvre 1 fut publiée sous le titre : *Trois trios concertans pour piano, violon et violoncelle, dédiés à Sa Majesté Léopold Ier, roi des Belges, par César-Auguste Franck, de Liège.* L'édition primitive en fut faite par la maison Schuberth et Cie (Hambourg et Leipsig) au prix marqué de 3 reichsthäler (11 francs 50 environ) l'un dans l'autre, l'auteur restant propriétaire de l'œuvre pour la France.

Le trio en *fa dièze* est construit au moyen de deux thèmes cycliques principaux dont le premier sert de base aux trois parties de l'œuvre et engendre, en ses diverses modifications, le plus grand nombre des développements, tandis que le second, immuable, reparaît intégralement reproduit dans chacune des trois parties.

S'il était permis de proposer de cette œuvre

une exégèse romantique, on pourrait dire que
le premier thème cherche, par de multiples
embûches et de subtiles transformations, à
entraîner le second dans son ambiance tourmentée; mais celui-ci résiste jusqu'à la fin par la
seule force de sa simple et sereine pureté.
La première des deux idées génératrices,
ainsi que le demande son rôle agissant, est
d'ordre complexe; elle commande un contrepoint qui, soit qu'il l'accompagne ou qu'il se
meuve pour son propre compte, devient l'un des
agents les plus actifs de la structure thématique :

Le mouvement initial est de forme *andante*
et constitué en cinq divisions ou compartiments
qui ne sont que des expositions successives des

deux idées génératrices, le thème A faisant l'objet des première, troisième et quatrième divisions, tandis que le thème mélodique B :

sujet des deuxième et cinquième divisions, amène le ton de *fa dièze majeur* qui clôturera l'œuvre. Franck marque déjà, dès ce premier essai, sa prédilection pour les tonalités chargées de *dièzes*, qui lui fourniront plus tard la matière de si hautes inspirations.

Il est à remarquer que cet *andante*, conformément à l'ancienne coupe italienne, ne module que par changement de mode ; c'est donc — et le compositeur l'entendait bien ainsi — un simple exposé des deux personnages qui agiront dans les pièces suivantes.

Le deuxième mouvement, établi à la sous-dominante (*si mineur*), présente le type du *grand scherzo* à deux trios et suit pas à pas le tracé beethovénien des Xe et XIVe quatuors, avec cette particularité que le deuxième trio, point culminant de la pièce, est formé par le thème générateur B, appuyé sur un rythme déjà entendu dans l'*andante* initial, rythme qui fut également le sujet principal du premier trio :

Comme l'*andante* précédent, ce *scherzo* ne module pas, sinon par simple changement de mode, mais, après d'ingénieux développements fournis par la combinaison du contre-sujet *a*, puis du thème A avec le thème propre du morceau, il s'enchaîne au fulgurant final en *fa dièze majeur* dont la mélodie principale, d'une si généreuse simplicité, n'est autre chose que l'amplification expressive du premier thème générateur auquel nous avons attribué l'étiquette A. De même, et par une fort logique symétrie, la deuxième idée musicale de ce final, présentée en *ré bémol majeur* (pour *ut dièze*, dominante), s'appuie sur d'obstinés *pizzicati* du violoncelle selon le rythme connu du contre-sujet *a*.

Ce final est bâti en forme de *premier mouvement* (forme *sonate*), et son développement, s'avançant progressivement vers la lumière, offre de curieuses associations simultanées des idées propres au final lui-même avec le thème A et son contre-sujet *a*; il aboutit à un épisode presque dramatique en *ré majeur* qui amène la réexposition.

Comme couronnement, reparaît intact, immaculé, le thème primitif B, concluant victorieusement au ton de *fa dièze majeur*. Ce dernier mouvement est le seul qui présente des gradations de teintes dues aux combinaisons tonales dont Franck tirera plus tard un si grand parti.

Si je me suis arrêté aussi longtemps sur l'analyse de cette œuvre, c'est qu'il était important, malgré le peu de ressources qu'offre la langue littéraire pour décrire de la musique, de démontrer par l'exemple à quel point l'art *franckiste* se rattache à celui des dernières sonates et des derniers quatuors beethovéniens.

Il n'y a qu'à passer légèrement sur le deuxième et le troisième trios, dont l'un (en *si bémol majeur*) très influencé par Weber et Schubert et décoré par l'auteur lui-même du titre bizarre et restrictif de *trio de salon* n'offre d'intéressant que quelques recherches rythmiques dans l'*andante* et surtout dans le final ; quant au troisième, en *si mineur*, dont les développements sont d'une tenue plus serrée que ceux des trio? précédents, je ne puis en conscience le mettre, au point de vue des idées, en parallèle avec celui que je viens d'analyser. Le final, composé bien postérieurement aux autres morceaux (j'en dirai plus bas la raison), présente seul, en son esprit très beethovénien, de curieuses alternances rythmiques et d'ingénieuses combinaisons.

Le quatrième trio (op. 2), également en *si mineur*, dédié *à son ami Fr. Liszt* et propriété pour la France de l'éditeur Schlésinger, a une histoire qui nous fut souvent contée par notre maître.

C'était en 1842 ; le jeune Franck, forcé, ainsi qu'on l'a vu dans le premier chapitre de cette étude, de quitter le Conservatoire de Paris, était à Bruxelles, où Liszt, alors dans la plénitude de sa géniale virtuosité, émerveillait les salons et entraînait à sa suite tous les cœurs féminins. Le grand artiste qui, toute sa vie (rare vertu dans le monde de l'art), se montra d'une bienveillance extrême pour ses confrères, surtout pour ceux qui lui paraissaient doués d'un réel sentiment artistique, ne dédaigna point d'accueillir avec une amicale affabilité le jeune compositeur de vingt ans qui venait lui soumettre ses premiers essais.

Les trios l'intéressèrent prodigieusement; il se prit notamment d'un bel enthousiasme pour le final du troisième (en *si mineur*) et déclara à Franck que ce final était à lui seul une entité et valait d'être publié à part, qu'il se faisait fort de le jouer et de le faire connaître de cette façon en Allemagne[1].

Le jeune Franck se hâta de se conformer aux conseils de son illustre ami; il retrancha donc de son *op.* 1 le final du dernier trio et composa pour le remplacer celui qui sert actuellement de conclusion à l'œuvre.

C'est ainsi que le quatrième trio, *op.* 2, ne consiste qu'en un seul mouvement de *forme-sonate* dont les expositions sont inversées, en ce sens que la dernière établit tout d'abord le *second thème* du morceau, gardant pour conclure la phrase initiale. On pourrait reprocher à cette pièce, malgré sa valeur incontestable, trop d'extension dans l'idée première et trop de conci-

---

1. Liszt ne manqua point à cette promesse. C'est ainsi qu'on peut lire dans les intéressants *Memories of a musical life* du Dr Mason, de New-York, qui travailla avec Liszt de 1850 à 1854, l'extrait suivant du journal que lui, Mason, rédigeait quotidiennement pendant son séjour à Weimar : « Dimanche 24 avril 1853. « à l'Altenbourg, 11 heures du matin, Liszt joua avec Laub et « Cossmann deux trios de César Franck. » (Voy. p. 122 des *Mémoires* du Dr Mason.)

sion dans la seconde, ce qui, en dépit du système des compensations, est loin de constituer une harmonie générale suffisamment équilibrée. Ce défaut mis à part, le morceau est bien dans le génie du maître et, sans contredit, très supérieur aux deux trios précédents. Il ne fut exécuté pour la première fois en France que le 25 janvier 1879, à l'un des concerts de la Société Nationale de Musique, par MM. Delaborde, Paul Viardot et J. Griset.

Liszt se souvint de César Franck ; il le revoyait toujours avec plaisir et ne cessa de l'admirer, car, outre son opinion sur les pièces d'orgue, dont je parlerai plus loin, je sais qu'il recommanda vivement la musique de notre maître français aux artistes allemands, et je me souviens de la joie et de la ferveur amicale avec lesquelles il reçut la partition de *Rédemption* que Franck m'avait chargé de lui porter à Weimar, lors de mon premier voyage d'Allemagne en 1873, bien différent en cela de Brahms, pour lequel j'avais la même commission, et qui posa sur un meuble, d'un air suprêmement ennuyé, le cahier que je venais de lui remettre, sans même regarder la dédicace pleine de révérence que le bon Franck avait inscrite à la première page.

De toutes les mélodies vocales que Franck

composa entre 1840 et 1853, la plus belle et assurément la plus spontanée est celle écrite sur la poésie de Reboul, l'*Ange et l'enfant*. Je crois qu'il est difficile de rencontrer une plus intime communion de pensée entre le poète et le musicien ; l'ange de Franck (la première en date de ses expressions angéliques) est bien l'ange gardien de la religion catholique, veillant tendrement sur l'âme du petit enfant et la soustrayant avec bonheur aux peines de la terre pour l'emporter, impolluée encore, dans sa patrie céleste. Cette pièce, qui n'emprunte le secours d'aucun accord étrange et même d'aucune modulation, est bien réellement un petit chef-d'œuvre de mélodie expressive comme on désirerait en rencontrer beaucoup dans la production musicale. Elle date de 1846.

Arrivant maintenant aux pièces pour piano, j'aurai tout d'abord à constater un fait curieux qui ne se présente, à ma connaissance, chez aucun autre musicien que chez celui qui nous occupe, à savoir que les compositions de cet ordre sont, chez lui, réparties très exactement aux deux extrémités de sa carrière.

C'est ainsi que, de 1841 à 1846, pendant les six premières années de production, on ne trouve guère, à part les trios, que des œuvres pour piano seul ; on peut en compter jusqu'à quatorze ; puis, tout à coup, Franck cesse subitement, et durant près de quarante ans, d'écrire pour l'instrument cher aux Chopin et aux Liszt, et ce n'est que tout à la fin de sa vie, pendant la période également de six années qui s'étend de 1884 jusqu'à sa mort, qu'il est hanté par le désir de créer de nouvelles formules applicables au clavier à percussion, et que, non seulement il trouve ces nouvelles formules, mais qu'elles l'amènent, pour ainsi dire fatalement, comme nous le verrons par la suite, à la découverte de formes esthétiques non encore usitées, constituant des types parfaits dont on n'a point encore su, après lui, tirer un parti efficace.

Mais il ne s'agit pas encore de ces superbes manifestations du dernier style, je ne dois parler ici que des compositions du commencement de sa vie artistique.

Les premières pièces pour piano, qui sont en même temps les toutes premières compositions du maître, remontant à l'année 1835 (il avait alors treize ans) et se trouvent à la fin d'un cahier manuscrit extrêmement soigné comme graphisme, qui contient tous les exercices faits sous la direction de Reicha, du 24 juin 1835 au 15 mai 1836, exercices qui démontrent que Reicha enseignait *conjointement* l'harmonie et le contrepoint[1]. Après de nombreux essais de construction mélodique sur des thèmes donnés par le professeur, on rencontre, à l'une des dernières pages ce titre triomphant : « Chants à moi, à accompagner », en tête de plusieurs petites mélodies qui sont donc bien vraiment les premières compositions authentiques écrites par l'auteur du *Quatuor en ré*.

Au milieu du cahier est mentionnée, en termes ingénus, la mort du professeur qui, jusque-là, avait guidé les premiers pas du maître[2].

Je ne résiste pas au plaisir de donner ici l'une de ces naïves mélodies :

4 Octobre 1835

---

1. Ce manuscrit est en la possession de M. Ch. Malherbe, l'érudit archiviste de l'Opéra, qui me l'a fort obligeamment communiqué et a bien voulu m'autoriser à prendre copie de la petite pièce ci-dessus. Il existe également, à la Bibliothèque de Boston (Etats-Unis), un second cahier manuscrit de même nature, mais dans lequel on ne trouve aucun essai de composition.

2. Voici cette mention qui est répétée, à peu près dans les mêmes termes, à la fin du cahier : « M. Reicha, mon professeur, « qui a écrit les principes qui précèdent, est décédé le 26 mai 1836, « rue du Mont-Blanc, 50. Paris, le 27 mai 1836. César-Auguste « Franck. »

L'ARTISTE ET L'ŒUVRE MUSICAL

De toutes les autres œuvres pour piano de cette première époque, deux seulement me paraissent dignes d'être mentionnées, en raison de la recherche très poussée des formes instrumentales qu'elles dénotent ; la première est intitulée *Eglogue*, op. 3, et, en sous-titre : *Hirten-Gedicht;* elle est dédiée à la baronne de Chabannes et parut en 1842 chez l'éditeur Schlésinger. L'exposition de la phrase pastorale en *mi bémol* qui est le *chant du pâtre*, donne lieu à de curieuses combinaisons d'écriture pianistique dont nous retrouverons des traces dans la dernière manière. Comme Weber, Franck avait les mains fort grandes, il lui arrive, en conséquence, fréquemment d'écrire des accords qui exigent un extrême écartement du pouce au cinquième doigt ; certains passages, en raison de ces écarts, sont donc assez difficiles à noter sur deux portées, surtout lorsque, comme dans cette *Eglogue*, s'y interpose une mélodie à diviser entre les deux mains, mélodie assez difficile à discerner au milieu du fouillis de notes et d'accords qui l'environne. A cette époque, Liszt seul avait osé inaugurer l'écriture de piano sur trois portées, mais les compositeurs inconnus comme l'était alors le jeune César-Auguste, n'étaient point autorisés par les éditeurs à se permettre cette licence, aussi l'exécution de ces pièces de Franck devient-elle parfois vraiment ardue, en raison de leur présentation plastique. Combien plus claire eût apparu aux yeux du lecteur la fréquente exposition du second thème, si elle eût été notée ainsi :

L'autre pièce intéressante est intitulée : *Première ballade*, op. 9, et date de 1844 ; elle doit avoir été éditée, mais il est actuellement impossible de se la procurer et même d'en trouver trace dans aucune des maisons d'édition qui succédèrent à celles existant en 1844. Le dépôt légal n'en fut fait ni à la Bibliothèque nationale, ni à celle du Conservatoire, le manuscrit seul a été conservé dans la famille du maître et appartient à M. Georges C. Franck. L'œuvre est écrite dans cette tonalité de *si majeur* que le « père Franck » affectionnait particulièrement et qui fut toujours favorable à son inspiration, depuis les trios jusqu'au sublime *larghetto* du Quatuor.

La Ballade commence, après une introduction de 49 mesures, par une série d'expositions monotonales d'un thème dont on pourra retrouver la saveur naïve dans les œuvres de maturité ; puis, vient un *allegro* en *si mineur* dont les formes, très pianistiques, ne tendent que vers une prudente inflexion au ton de la dominante et qui ramène, en troisième lieu, une réexposition du thème primitif, agrémenté de batteries en doubles-croches selon la formule alors la plus communément répandue.

A ce propos, il est curieux de constater que *toutes* les premières compositions pour piano du maître, que ce soit églogue, ballade, caprice ou fantaisie, sont coulées dans un moule identique : un *allegro* encadré entre deux expositions d'un même thème, le tout précédé parfois d'une courte introduction ; elles offrent, au surplus, une assez grande monotonie, en raison de l'absence complète de toute modulation (nous l'avons déjà remarqué pour les trios), mais, en y regardant de près, on peut y retrouver, je l'ai dit, et assez fréquemment, la nature embryonnaire des grandes œuvres postérieures, et le souci du brillant de l'écriture instrumentale n'y est point tel, qu'il ne cède souvent le pas à la recherche de formes purement musicales. Évidemment, Franck, à cette époque, pressé par son père de produire, coûte que coûte, des œuvres « de vente », ne sait point encore cet art de la *composition* qu'il enseignera plus tard d'une façon si complète, en sorte que le maître de la structure musicale moderne, se rendant fort bien compte de son infériorité, s'en tient alors prudemment à l'emploi d'une forme simple et sans dangers. Il saura prendre sa revanche !

Même remarque est à faire au sujet de *Ruth*, églogue biblique, qui date de 1845 et ne fut éditée pour la première fois, par Hartmann, qu'en l'année 1871.

Les mélodies, fraîches et ingénues, ressortant d'une évidente fréquentation avec les œuvres de Méhul, ont assez souvent un aspect d'originalité pour celui qui connaît l'œuvre entier de Franck, mais les formes sont encore hésitantes, embarrassées, et parfois même d'une timidité qui ne laisse pas que de provoquer l'étonnement, je dirais presque le sourire.

La phrase de violon en *sol mineur* qui ouvre le prélude, est bien proche parente, comme ligne, d'une des idées du premier trio ; c'est déjà la *mélodie Franck* à l'état de balbutiement :

La première partie de l'oratorio, représentant le départ de Noémi, est construite autour de tonalités sombres qui sont bien en situation ; seule, la généreuse résolution de Ruth, criant qu'elle n'abandonnera point sa mère et la suivra partout, donne une note claire par l'affirmation du ton de *la majeur*, rayon lumineux après les teintes précédentes. Malheureusement cet *air* de Ruth est d'essence trop *opéra* et sa mélodie initiale rappelle plus les romances dramatiques de Meyerbeer qu'elle ne fait pressentir le Franck de *Rédemption*.

Dans la deuxième partie, après divers chœurs de moissonneurs qui faisaient l'admiration de nos vingt ans..., après une sorte de mélopée triste de Noémi, où la ligne constante du cor anglais fait un peu trop penser à certain passage connu de la *Juive*, vient un duo entre Ruth et Booz qui est, à mon sens, le point mélodique culminant de toute la première manière de Franck, et, en même temps, un morceau d'un réel intérêt comme expression dramatique.

Le dialogue, très simple et assez apparenté avec les scènes entre Jacob et Benjamin du *Joseph* de Méhul, est constamment enguirlandé d'une pure ligne mélodique :

qui donne un peu la sensation de certains arrangements d'étoffes dans les fresques d'Orcagna ou de Botticelli. La phrase musicale, douce et prenante, se meut autour du ton de *si bémol majeur* et conclut par une confiante exclamation de Ruth :

Ah ! je ne suis plus étrangère !

qui, constatant un changement d'état dans l'âme de la jeune Moabite, amène par cela même, suivant le principe de la construction dramatique, une tonalité toute nouvelle, sans parenté avec le ton établi jusque-là et absolument lumineuse, c'est la tonalité de *si majeur*, sur laquelle se reproduit de nouveau le dessin initial et qui clôt la scène.

La troisième partie renferme un deuxième duo entre Ruth et Booz, similaire de celui dont je viens de parler et qui est un des morceaux le plus *véritablement Franck* de la partition.

A noter, à propos de cette scène, une remarque assez intéressante au point de vue de la diversité d'impression que peut produire un même contour mélodique : l'un des motifs principaux, employé ici pour peindre la paternelle tendresse de Booz, est absolument identique comme dessin à celui dont M. Massenet a usé pour étiqueter la passion, un peu malsaine, de des Grieux pour

L'ARTISTE ET L'ŒUVRE MUSICAL

la sémillante Manon :

et cependant, malgré que la succession de notes soit la même, combien différente est l'impression ressentie !...

Rien de plus tranquillement chaste que cette mélodie qui fait le fond de la scène finale de *Ruth*, et qui, partant du ton de *ré majeur*, ramène comme couronnement harmonique de l'œuvre, cette teinte lumineuse de *si majeur* déjà apparue dans le duo de la seconde partie.

C'est ainsi que, tant par l'importance musicale que par la tentative dramatique, nouvelle pour lui, Franck a donné dans sa partition de *Ruth* la somme de ce que pouvait son talent au cours de cette première manière.

Nous allons maintenant le voir abandonner complètement cette voie pour pénétrer — plus haut — en d'autres régions musicales.

V

DEUXIÈME ÉPOQUE (1858 à 1872).

Dès l'entrée de cette seconde époque, se pose une question de chronologie dont la solution ne laisse pas que d'être quelque peu embarrassante.

Dans le commencement de sa carrière de compositeur, Franck (probablement à l'instigation de son père) cataloguait soigneusement et avec l'esprit d'ordre qu'il conserva jusqu'à sa mort, tout ce qui sortait de sa plume, en attribuant à chaque œuvre un numéro, ce qui semblerait devoir faire foi pour un classement général. Cependant, en dépit de ce soin, quelques attributions de cette époque restent douteuses, tel le *Solo de piano avec accompagnement de quatuor à cordes*, op. 10, dont on ne peut nulle part rencontrer un vestige, pas plus chez les éditeurs que dans la mémoire des familiers du maître, telle encore la *Fantaisie pour piano*, op. 13, inscrite sur la couverture des *Fantaisies sur* GULISTAN (Richault, éditeur) conjointement avec les compositions précédentes « du même auteur » et que je soupçonne avoir été annoncée, mais jamais composée, ou du moins jamais livrée à la gravure.

Mais le fait le plus étrange en cet ordre d'idées, fait sur lequel j'ai voulu, en commençant l'étude de cette seconde manière, attirer l'attention, c'est que les pièces d'orgue, premières manifestations du véritable génie novateur de Franck, portent les chiffres d'œuvre : 16, 17, 18, 19, 20 et 21. Or nous trouvons précédemment un op. 16 : *Trois petits riens* pour piano, et un op. 17 : *Grand duo à quatre mains sur* LUCILE (Richault, éditeur), datant tous deux de 1845. De même, la MESSE *à trois voix* est cotée « œuvre 12e », et le même numéro a été attribué en 1844 à la *Deuxième fantaisie sur* GULISTAN, éditée par Richault. Franck eut-il, ce qui est fort possible, l'intention de répudier une partie des premiers morceaux de piano (écrits sous l'autoritaire pression paternelle), comme indignes de figurer dans sa production artistique?... et cependant il y laissait subsister d'autres pièces (Duo sur le *God save the king*, et *Souvenir d'Aix-la-Chapelle* pour piano) qui ne devaient guère être supérieures à celles-là..., c'est ce que l'on ne pourra jamais savoir.

D'autre part, aucune des nombreuses *mélodies* composées et éditées entre 1840 et 1850 ne porte de numéro d'œuvre, et, après le morceau intitulé : *Quasi marcia* pour harmonium, auquel est affecté le chiffre 22, le maître renonce jusqu'à la fin de sa vie à toute désignation numérique.

Quoi qu'il en soit, ce sont bien les six grandes pièces d'orgue qui apparaissent comme début de la production symphonique de cette seconde époque ; je dis : de la production *symphonique*, car il n'y a pas à douter que nombre de motets et autres compositions de musique religieuse, comme aussi les deux Messes, soient antérieurs en date, mais nous avons déjà vu que Franck avait coutume de n'attribuer aucun numéro d'œuvre à ses morceaux de chant.

On pourrait nommer cette deuxième partie de la vie de César Franck, l'ère de la production religieuse. A part quelques *lieder*, un essai d'oratorio et *Rédemption*, on ne rencontre, au cours de cette période, que de la musique destinée à l'église.

Qu'on veuille bien remarquer que je dis : de la musique *destinée à l'église*, et non point précisément de la *musique d'église*, ce qui nécessite quelques mots d'explication.

L'origine de la Musique, comme celle de tous les Arts (qu'on s'efforce actuellement, sans y parvenir du reste, de rattacher à d'autres causes) est incontestablement d'ordre religieux. Le premier chant fut une prière. Louer Dieu, célébrer la beauté, la joie et même la terreur religieuses, fut le seul objet de toutes les œuvres artistiques durant près de huit cents ans. Et par cela même, les artistes d'alors exprimaient la *Vie*, c'est-à-dire les sentiments de l'homme, amour, espérance, joie et douleur, d'une façon — soit dit en passant — bien plus profonde et bien plus vraie que ceux qui, sous prétexte de dépeindre la *vie actuelle*, ne savent en exprimer que le décor, que le côté extérieur, futile et passager.

La Renaissance, par un changement de direction provenant d'une idée erronée, nous amena quelques chefs-d'œuvre personnels, mais aussi une terrible perturbation dans la marche logique des Arts, et, en musique religieuse notamment, on en arriva, à partir de cette époque, à une sorte d'art de convention qui, abolissant toute espèce d'expression vraie et dédaignant le beau rythme des monodies anciennes aussi bien que l'harmonieuse architecture du contrepoint vocal, introduisit à l'église le style de la symphonie et de l'opéra... si ce n'est pire, style qui n'avait aucune raison d'être dans l'enceinte sacrée.

Aussi la musique, dite d'*église*, dégénéra-t-elle avec une stupéfiante rapidité et devint-elle l'unique proie de la convention et de la mode.

Elle fut pompeuse au XVIIe siècle, comme l'étiquette de la cour du Grand Roi, frivole au XVIIIe, pour l'amusement des gens de qualité ou des parvenus qui, au sortir d'un souper, se voyaient obligés, de par leur situation, d'assister aux offices, bourgeoise enfin et figée en des formules toutes faites sous le règne du *juste-milieu*. Ce fut ce dernier style, dépourvu de la noblesse de celui du XVIIe siècle et du charme de celui du XVIIIe, qui persista jusqu'à la fin du XIXe siècle, et, chose bizarre, il se forma même des écoles ayant pour but d'apprendre aux jeunes compositeurs l'art de faire de la musique inexpressive en vue de l'église...

César Franck, sans jamais en arriver cependant — il en aurait été incapable — à s'égarer dans les honteux bas-fonds où se meuvent les productions dites *maître de chapelle*, ne sut point s'affranchir, dans sa musique d'église, de l'influence de son époque, et nous nous trouvons forcés de constater, dans l'examen impartial de son œuvre, ce fait assez anormal que chez lui — peut-être le seul musicien religieux de la fin du dernier siècle — la production religieuse est certainement et assez sensiblement inférieure à celle des autres genres qu'il aborda, orchestre, piano, musique de chambre.

A cela deux causes : la première, c'est que Franck, si érudit en tout ce qui touche à la musique moderne et à celle du xviiie siècle, connut peu et mal l'admirable monument des écoles polyphoniques du xvie français et italien dont les éditions étaient, de son temps, rares et peu répandues.

Il ignora tout de la savante et définitive recherche des Bénédictins au sujet du Chant grégorien, et c'est avec grande raison que M. Charles Bordes, dans un article écrit au lendemain de sa glorification[1], caractérise comme suit le rôle de son maître dans le domaine de la musique religieuse :

---

1. Le *Courrier musical*, n° du 1er novembre 1904.

« Dans sa musique d'église, César Franck reste
« à de rares exceptions près, un *soliste*. Il l'est au
« seuil de ce *Dextera* dont l'ensemble demeure
« un magnifique morceau de musique pure,
« mais où la phrase initiale se déroule avec
« l'ampleur et la majesté d'attitude de certaines
« statues des églises de style *rococo* dont on ne
« peut nier l'allure théâtrale et partant antireli-
« gieuse.

« Dans sa messe, dont le *Kyrie* seul est une
« exquise prière et l'*Agnus* une perle d'ingé-
« nuité musicale, comment qualifierons-nous ce
« *Quoniam tu solus sanctus* tonitruant et moins
« digne d'un soliste que d'un chantre quelque
« peu en goguette? — A côté de ces pages presque
« indignes du maître, nous voyons surgir l'in-
« comparable frontispice de l'offertoire *Quæ est*
« *ista*, digne d'un Bach, et surtout cet admi-
« rable *Domine non secundum* tout contrapun-
« tique, d'un contrepoint très humain s'entend,
« mais déjà si sobre (sauf la reprise finale
« majeure qui ne vise qu'à l'effet), que, dans
« l'ensemble, ce motet peut être donné comme
« un exemple de musique religieuse moderne.

« De telles pages nous font regretter amère-
« ment que la destinée n'ait pas permis à Franck,
« parti trop tôt, de s'associer à notre mouve-
« ment de restauration du chant religieux. Peu

« en commerce avec le chant palestrinien dont
« il n'a qu'effleuré les beautés (je le tiens de
« lui-même) et dont il n'a pas savouré l'appro-
« priation religieuse, ne s'arrêtant, comme beau-
« coup, hélas ! de musiciens de sa génération,
« qu'à l'intérêt d'écriture et aux artifices de cette
« sorte de composition, que n'aurait-il pas écrit
« pour l'Église une fois que sa belle âme de
« musicien religieux se serait ouverte toute
« grande à la sereine beauté de ces maîtres ! —
« Il n'aurait pas cessé de puiser en lui-même les
« plus profonds de ses accents, mais, assagi par
« l'exemple, il nous aurait peut-être un peu
« moins comblés de ses dons naturels. Avec sa
« sûreté de main, de quels purs chefs-d'œuvre
« ne nous aurait-il pas gratifiés, écrits, il est
« vrai, avec son esprit, mais réchauffés par les
« mouvements de son âme, toute de charité et
« d'amour !

« Il lui eût été difficile peut-être de ne pas
« chercher en lui et dans sa propre musique
« des éléments d'expression qui seraient venus
« tempérer les prescriptions liturgiques, mais
« quelles belles formes d'art auraient découlé de
« ce combat d'influences où Franck n'aurait pu
« malgré tout rester autre chose que le divin
« *Pater seraphicus* dont l'ingénuité et la modes-
« tie étaient sans bornes ! »

La seconde cause d'infériorité de la musique de Franck dans le style liturgique fut toute occasionnelle ; la voici. Lorsqu'il fut nommé à la future basilique de Sainte-Clotilde, celle-ci n'était point encore la riche paroisse qu'elle devint depuis ; les crédits manquaient pour acheter de la musique en vue des offices solennels ; aussi, vivant pour « l'ordinaire » sur le répertoire et son vieux matériel, le clergé, suivant, sans peut-être s'en douter, les usages du xvie et du xviie siècle, comptait sur l'organiste et sur le maître de chapelle pour fournir cette nouvelle musique et rehausser ainsi l'éclat des cérémonies importantes de la paroisse.

César Franck, comme Bach, comme Palestrina, composait donc toute la musique nécessaire à la célébration des grandes fêtes, mais, en raison de la hâte et des exigences de notre vie moderne, il ne consacra peut-être pas à ce travail le temps suffisant pour penser et écrire de belles œuvres ; aussi, malgré d'incontestables beautés que M. Ch. Bordes signale dans l'article cité plus haut, sa musique religieuse, très peu liturgique de par sa première éducation, ne présente pas, au point de vue de l'art proprement dit, un intérêt proportionné à ce que fut son talent dans les autres styles.

Seule, l'œuvre d'orgue, destinée évidemment

à l'église, mais d'ordre plus spécialement symphonique, surnage au milieu de la production vocale et restera un monument impérissable de cet art cher aux Frescobaldi et aux J.-S. Bach. C'est donc par elle que je commencerai l'examen de cette deuxième époque de la carrière de mon maître.

Dès l'entrée de la *Fantaisie en ut* nous sentons les approches du véritable style de l'auteur des *Béatitudes*. Si la construction de la pièce, bien fantaisiste en effet avec son point central à la sous-dominante et sa conclusion un peu écourtée quoique pleine de charme, rappelle encore les timidités de la première manière, le *lied* initial qui se déroule, calme et sans aucune modulation, nous montre déjà ce qui devint la caractéristique générale du troisième style et ce par quoi il se rattache profondément aux racines beethovéniennes, le don de tirer une mélodie très vivante du milieu d'un état harmonique préétabli. (Comparez la troisième variation de l'adagio du XII° quatuor.) Et, si l'on réfléchit qu'en l'espèce cet état harmonique est lui-même la résultante d'un *canon* mélodique, artifice cher à Franck, on n'aura point de peine à reconstituer par cet exemple la filiation que j'ai indiquée au début de ce chapitre : les primitifs italiens pour la pureté de la ligne monodique, l'atavisme inconscient des polyphonistes du xvie siècle pour l'aisance du contrepoint, Bach pour l'écriture, Beethoven enfin pour la disposition rythmique générale. Je pourrais même — si je ne regardais point ces rapprochements comme futiles — trouver dans cette pièce d'orgue comme la *prescience* de Wagner (complètement ignoré en France à cette époque), puisque le thème qui jaillit, au clavier de grand orgue, de la combinaison architecturale dont je viens de parler, n'est autre que celui désigné sous l'étiquette : *motif du sommeil* dans la *Walküre* et dans toute l'épopée des *Nibelungen* :

Avec la *Grande pièce symphonique*, nous nous trouvons, pour la première fois dans l'œuvre du maître, en face d'un véritable sonate, ou plutôt d'une symphonie, puisqu'on a coutume de dénommer ainsi une sonate colorée par des timbres différents.

Celle-ci est la première en date de toutes les Symphonies pour orgue dont s'est enrichie la musique moderne, et, si l'on veut me permettre de donner une opinion personnelle, cette façon d'écrire la symphonie au moyen des timbres si nombreux et si divers qu'offre l'orgue d'un Cavaillé-Coll, me paraît bien préférable au système qui consiste à lui adjoindre l'orchestre. Ces deux puissances se gênent mutuellement et l'effet de cette juxtaposition de deux forces similaires est toujours un obscurcissement, un amoindrissement de l'une au stérile profit de l'autre. Berlioz, génie de la chimie des timbres, signalait déjà la vacuité de cette combinaison lorsqu'il écrivait dans son *Traité d'orchestration*, en ce style imagé qui fait l'attrait de ses ouvrages littéraires : « L'orchestre est empereur, l'orgue est pape. » Il vaut mieux ne point renouveler en musique la querelle des Investitures...

Franck ne tomba pas dans ce travers auquel répugnait son esprit classique [1], aussi sa *Grande pièce* en *fa dièze mineur* est-elle vraiment une

---

[1]. Aucun des maîtres anciens n'emploie l'amalgame orgue et orchestre à égalité de forces. Bach n'écrit guère l'orgue en *solo* avec l'orchestre, si ce n'est comme réalisation harmonique ; quant aux Concertos de Haendel, le quatuor à cordes et les hautbois n'y jouent qu'un rôle bien secondaire.

symphonie en trois parties présentant tous les caractères de ce genre de composition : premier mouvement à deux idées en *forme sonate*, précédé d'une introduction qui reparaît au cours du développement; *andante* de forme *lied*, dont la deuxième division peut, en raison de son allure rapide, jouer le rôle de *scherzo* (il est à remarquer ici que ce système de construction sera repris beaucoup plus tard par l'auteur dans sa Symphonie en *ré*) ; puis, final, amené par une récapitulation des principales idées ci-devant exposées, et dont le thème principal est celui du premier mouvement, mais exposé en *fa dièze majeur* comme une apothéose, et développé par des artifices fugués jusqu'à la conclusion. Le tout s'enchaîne d'un seul tenant.

La troisième pièce : *Prélude, fugue* et *variation*, en *si mineur*, dédiée à Saint-Saëns, est trop connue par l'arrangement pour piano et harmonium qu'en fit l'auteur lui-même, pour que je doive m'y arrêter longtemps ; il faut seulement y voir, à l'état embryonnaire, l'esquisse de formes nouvelles qu'il édifiera plus tard dans ses dernières œuvres pour piano, sans oublier toutefois de remarquer le charme très musical qui s'exhale de la fugue, bien différente des insipides fugues d'école seules en usage à cette époque.

La *Pastorale* de forme *lied* qui suit, présente

encore cette particularité d'un développement fugué tout à fait charmant et bien mélodique, complément du système indiqué par la troisième manière du maître de Bonn.

Les deux dernières pièces : *Prière* en *ut dièze* et *Final* en *si bémol majeur*, affectent toutes deux la forme premier mouvement de sonate ; la dernière est spécialement intéressante par sa structure ferme et beethovénienne, sa seconde idée, toute de grâce, en opposition avec l'inflexibilité de la première et un important développement terminal aboutissant à une puissante et majestueuse péroraison.

Ces pièces d'orgue, si dissemblables des morceaux de pure virtuosité qu'écrivaient les Lefébure-Wély et autres organistes de l'époque, si hautes d'inspiration, si parfaites d'exécution et d'écriture, resteront comme un solide monument et constitueront une date mémorable dans l'histoire de l'instrument aux cent voix, et il n'est pas douteux que tout esprit doué de sentiment artistique ne puisse que partager à leur égard l'enthousiasme de Liszt, alors que, descendant de la tribune de Sainte-Clotilde où Franck venait de les lui faire entendre, il s'écria, sincèrement ému : « Ces poèmes ont leur place marquée à côté des chefs-d'œuvre de Sébastien Bach! »

Je veux maintenant parler de la *Messe à trois voix* dont la première exécution eut lieu le 2 avril 1861. Elle est certainement antérieure aux pièces d'orgue que nous venons d'examiner, mais j'ai tenu à poser celles-ci comme péristyle de la seconde manière et, pour excuser cette entorse à l'ordre chronologique, je puis alléguer que la *Messe* fut tant de fois remaniée, depuis 1859 jusqu'à 1872, qu'elle s'étale, pour ainsi dire, sur toute la deuxième époque et donne bien, en ses morceaux très disparates, l'aspect de transformation qu'offre toujours, chez tous les génies, la période médiane de leur production.

L'œuvre fut écrite spécialement pour Sainte Clotilde, peu de temps après la nomination de l'auteur au poste d'organiste; le *Kyrie*, le *Gloria* et le *Sanctus* remontent même à l'époque où il n'était encore que maître de chapelle de la Basilique, ayant M. Théodore Dubois, le futur directeur du Conservatoire, comme organiste d'accompagnement[1]. Le *Credo*, au contraire, est très postérieur en date, et le planant *Agnus Dei* remplaça, plusieurs années après la composition du *Credo*, un autre *Agnus* dont le maître n'était point satisfait et qu'il détruisit complètement.

---

1. Voir le discours de M. Théodore Dubois, à l'inauguration du monument de Franck, le 22 octobre 1904.

Quant au *Panis angelicus*, passé, sous de multiples déguisements, au répertoire courant des maîtres de chapelle, il ne fut intercalé dans la Messe qu'en 1872, lors de la publication de celle-ci par la maison Repos, rue Bonaparte.

Du *Kyrie*, simple et douce prière, et du *Gloria* dont certains passages sont vraiment vulgaires et indignes de la main qui écrivit les *Béatitudes*, je ne parlerai point ; ils rentrent dans l'ordre de ce qu'on était convenu alors d'appeler la *musique religieuse* parce qu'elle était plaquée sur un texte latin.

Le *Credo*, beaucoup plus et beaucoup mieux travaillé, offre cette particularité d'être conçu et disposé musicalement en forme de premier mouvement de sonate, l'exposition se faisant en *ut mineur* et amenant une seconde idée en *sol majeur* sur les paroles : *Et incarnatus est*, la scène du Calvaire et la Résurrection étant traitées comme développements du thème initial. Mais, au moment de la réexposition, c'est une transformation de la seconde idée qui prend, dans la marche de la sonate, la place du premier thème, sur les paroles : *Et in spiritum sanctum*, et continue — un peu trop longuement — en développement terminal jusqu'au retour de cette seconde idée sous son premier aspect, afin de caractériser la formule d'espérance chrétienne :

Exspecto resurrectionem mortuorum et terminer sur un *Amen*, heureusement court, à la tonalité d'*ut majeur* que le morceau n'a guère quittée depuis sa réexposition.

Malgré les beautés d'écriture de ce *Credo*, l'adaptation d'une forme symphonique connue et déterminée n'est point d'un fort heureux effet, il faut bien l'avouer, tout en reconnaissant au passage des efforts vers une expression mystique et parfois vraiment religieuse, comme par exemple la pensée d'associer l'Incarnation, union de la personne humaine à la personne divine, à la Résurrection des corps, mystérieuse conquête de l'essence divine par la matière humaine, en une seule et même idée musicale.

Le *Sanctus* se déroule, simple et calme comme le *Kyrie*, avec un court accent de force sur l'*Hosanna* pour retomber dans la mélancolie avec le *Benedictus*. Quant à l'*Agnus Dei*, c'est un petit chef-d'œuvre de concision expressive et de tendresse mélodique. Après la triple invocation liturgique en *la mineur*, *ut majeur* et *mi mineur*, les sopranos du chœur, comme transportés d'une sublime espérance, entonnent en *la majeur* un hymne de paix, tandis que les basses font encore résonner le thème de la précédente invocation, et tout se termine par un *pianissimo* des trois voix sans accompagnement qui semble le seuil d'une mystique *janua cæli*. Lorsque j'ai dit, aux premières lignes de cette étude, que Franck fut le continuateur de Beethoven, non seulement dans l'ordre symphonique, ce qui est incontestable, mais encore dans celui de la musique religieuse, c'était à l'*Agnus Dei* et aussi au *Kyrie* de la Messe que je pensais ; non point que je veuille comparer l'œuvre modeste du modeste maître de chapelle de Sainte-Clotilde, œuvre écrite sincèrement, mais dans une intention utilitaire, à la fulgurante épopée de la divine souffrance et de l'humaine aspiration vers le ciel, à cette *Missa solemnis* que je considère comme l'œuvre la plus parfaite du titan de la symphonie, non point que je prétende mettre au même rang le doux et confiant : *Dona nobis pacem* de la Messe que nous venons d'analyser, avec le haletant et incomparable appel à la Paix qui surgit du milieu des lointains bruits de guerre dans le dramatique *Agnus* de Beethoven, mais il semble cependant qu'en dépit de l'inégalité musicale des deux œuvres, l'esprit de l'une soit passé dans l'autre avec un peu moins d'expression humaine, mais un peu plus de divine confiance.

Ne trouvons-nous pas, en effet, tout d'abord, la même erreur fondamentale qui fait que la *Messe en ré*, l'un des plus sublimes monuments de la musique religieuse, sort absolument, en raison de son allure dramatique, du cadre liturgique de la véritable musique d'église? Ne trouvons-nous pas les mêmes pompes et grandiloquences, un peu trop conventionnelles, aux mêmes endroits? Mais ne trouvons-nous pas aussi, sans vouloir, je le répète, établir un vain parallèle esthétique entre les deux œuvres, que, si Franck tombe dans les mêmes erreurs que son grand ancêtre, en ce qui regarde la liturgie, sa messe se rapproche cependant davantage, en certains passages du *Kyrie*, du *Sanctus*, de l'*Agnus* surtout, de ce qui doit être considéré comme le véritable style de la musique d'église? Et c'est en ce sens que j'avais osé désigner Franck comme un continuateur du maître de Bonn quant à la musique religieuse, puisque, partant des mêmes procédés conventionnels l'auteur de la *Messe à trois voix* semblait tenter une évolution qui ne trouvera point chez lui un complet aboutissement dans ce style spécial de la musique d'église, mais qui aura son plein effet dans ses oratorios et même dans sa musique symphonique.

La Messe de Franck est cependant malgré tout une œuvre inégale, et la description qu'en fait M. Ricciotto Canudo, critique italien, ne manque pas de justesse : « Dans la Messe »,

écrit-il, « le *Kyrie*, doux et lumineux, fait songer
« à un paradis plein de lointaines lumières et
« de lointaines musiques, c'est une belle et pro-
« fonde prière, comme aussi l'*Agnus* de la
« même Messe. Mais, à côté de cela, s'étale et
« se campe un *Gloria* presque banal, veuf de
« pensée mélodique et étouffé sous la prépondé-
« rance dynamique et hurlante des instruments.
« Remplie d'inégalités, la Messe est, comme
« toute la musique de Franck, un singulier rêve
« mystico-profane dont l'extase, parfois com-
« plète et magnifique, se trouve aussi parfois
« interrompue par des rythmes et des recher-
« ches d'essence absolument théâtrale[1]. »

Le point important de la deuxième manière de Franck, celui en lequel se résument les qualités de ce style et aussi ses défauts, c'est certainement *Rédemption*, oratorio affublé par ses auteurs du titre singulier de : *Poème-symphonie*, peu approprié vraiment à ce genre de composition qui n'est ni une symphonie ni un poème.

Le sujet, assez médiocrement versifié par Edouard Blau, ne manque pas de grandeur, mettant en présence les deux rédemptions, maté-

1. *Cesar Franck e la giovane nuova scuola musicale francese*, par Riciotto Canudo ; extrait de la *Nuova Antologia*, 1er avril 1905.

rielle et spirituelle, la première opérée par la venue du Christ sur la terre, la seconde, obtenue dans les temps futurs par le moyen de la prière. Cette conception était bien en harmonie avec les idées du maître, qui en faisait volontiers l'exégèse en soulignant celle-ci de chaudes et enthousiastes paroles.

Quant à la musique, ayant été le témoin journalier de son éclosion, je m'efforcerai, malgré la naturelle partialité qu'on éprouve pour l'enfant qu'on a vu naître, d'en parler avec justice et sincérité.

Cet oratorio a une histoire, et je crois qu'on ne lira pas sans intérêt les détails que j'en puis rapporter *de visu*, détails qui seront à la fois un enseignement pour les compositeurs et une leçon pour leurs élèves.

A peine en possession du poème, Franck, interrompant la composition des *Béatitudes* déjà commencée, s'attela à la réalisation musicale avec une ardeur telle que, malgré le peu de temps qu'il pouvait consacrer à son travail, l'œuvre se trouva terminée au bout de six mois.

C'est ici le lieu de dire qu'il existe de *Rédemption* deux versions assez dissemblables ; si la deuxième offre de plus que l'autre un beau chœur et l'admirable intermède symphonique qui est maintenant au répertoire de tous les concerts, la première, il faut bien le dire, était évidemment supérieure par l'ordonnance générale de la composition, établie sur un plan absolument nouveau qu'il fallait être Franck pour concevoir et réaliser.

Afin de faire comprendre ce plan, je crois nécessaire de donner en quelques lignes un aperçu de la marche du poème.

Première partie. — Les hommes s'agitent au milieu des ténèbres égoïstes du paganisme ; ils croient trouver le bonheur dans les jouissances et dans la haine, il n'en résulte que des œuvres de mort. Tout à coup, un vol d'anges illumine l'espace, l'un d'eux annonce la venue rédemptrice du Sauveur sur la terre, et les hommes, régénérés, unissent leurs voix en un cantique de Noël.

Deuxième partie : Morceau symphonique. — (Ici je copie l'argument de ce poème pour orchestre seul, argument qui f..t imaginé et rédigé par Franck lui-même) : « Les siècles « passent. — Allégresse du monde qui se transforme et « s'épanouit sous la parole du Christ. — En vain s'ouvre « l'ère des persécutions, la Foi triomphe de tous les obs- « tacles. — Mais l'heure moderne a sonné ! La croyance est « perdue ; l'homme, en proie de nouveau à l'âpre désir des « jouissances et aux agitations stériles, a retrouvé les passions « d'un autre âge ! »

Troisième partie. — Les anges, se voilant la face de leurs ailes, à l'aspect des crimes de la terre, pleurent sur l'homme retourné à la bestialité païenne. Mais l'archange vient, sur un ton plus grave, annoncer une nouvelle rédemption : le pardon des erreurs peut être obtenu par la prière. Et les hommes, apaisés et repentants, unissent leurs cœurs en un cantique de fraternelle charité.

Franck, frappé par l'alternance d'ombres et de

lumières que comporte ce beau sujet, jugea que seule, une gradation bien établie de ces teintes musicales qu'on nomme les *tonalités*, pouvait, par opposition et contraste, arriver à rendre les nuances de couleur si clairement exposées par le poème. Il imagina donc une construction tonale absolument moulée sur le sens des paroles et procédant, pour la première et la troisième parties, de l'obscurité à la clarté, tandis que le *morceau symphonique*, fidèle interprète de son argument, commençait en pleine chaleur pour se terminer sur la tonalité froide et terne attribuée au chœur initial de l'œuvre.

C'était la première fois que le maître appliquait consciemment, par recherche de l'expression poétique, ce fertile et traditionnel principe d'architecture tonale dont il ne s'était que timidement servi jusqu'alors, et qui constitua plus tard la grande force de son enseignement.

Je donnerai ici une brève analyse de l'œuvre, afin que l'on puisse se rendre un compte exact de la géniale logique qui présida à sa composition.

1re Partie : Après une courte introduction, présageant, en un lointain à peine perceptible, le chant prophétique des anges, dont la suave mélodie s'expose *pianissimo* par un canon à la dixième inférieure et dans la tonalité de *la majeur* :

après cette esquisse très estompée, dis-je, brusquement s'impose la tonalité de *la mineur*, teinte sombre dans laquelle grouillent et hurlent les plus viles passions du monde païen. Ici, nous devons, pour la première fois, faire une remarque qui sera encore plus frappante dans les *Béatitudes*, c'est que le pauvre maître se bat les flancs pour arriver à exprimer un mal, une laideur morale que la simple beauté de son propre caractère lui interdit de concevoir ; il s'ensuit que ce premier chœur nous fait passer en revue les jouissances païennes dans un style légèrement boursouflé et quelque peu conventionnel ; le morceau ne quitte point le ton de *la mineur* et se termine sur une strette plus tapageuse que vraiment puissante, selon la coutume des opéras de cette époque.

Mais alors tout s'éclaire, et le radieux thème prophétique plane majestueusement au-dessus des humaines misères. Cette fois, c'est en *mi majeur*, dominante de la tonalité du prélude, qu'il est présenté par le chœur, tandis que les violons répètent la mélodie comme un écho. Cet usage du *canon*, déjà signalé dans les pièces d'orgue, devint de plus en plus fréquent dans l'œuvre de Franck dont il est, pourrait-on dire, comme la marque de fabrique, mais ce qui le différencie du canon de *maître d'école*, ce qui en fait un succédané de l'esprit de Bach, c'est que la mélodie propre à être imitée ne se trouve jamais torturée ou déformée pour les besoins de la cause, elle se présente simple et naturelle en ses modulations et l'imitation en découle d'une façon tellement logique que celle-ci semble venir par surcroît.

Après quelques courtes répliques des hommes hésitants, qui nous ramènent vers les tons sombres du doute, éclate la prophétie de l'Archange, précédant une nouvelle exposition du thème, en *la majeur*, et marchant de plus en plus vers la lumière jusqu'à une éblouissante modulation en *fa dièze majeur* où paraît pour la première fois la mélodie longtemps cherchée par le maître, mais victorieusement trouvée, en laquelle il personnifie musicalement l'idée de rédemption.

Puis, ce ton établi, la Foi et l'Amour ayant illuminé la terre, rien ne bouge plus et les voix des hommes, répudiant leurs haines, s'affermissent en cette tonalité nouvelle de *fa dièze* majeur

L'ARTISTE ET L'ŒUVRE MUSICAL 127

pour chanter Noël vers la crèche de l'Enfant-Dieu.

Le MORCEAU SYMPHONIQUE qui formait la seconde partie et dont il ne reste plus trace, si ce n'est chez quelques collectionneurs assez avisés pour avoir conservé la première édition de l'œuvre, n'avait point, tant s'en faut, la valeur de celui qui est connu maintenant sous ce titre. Il ne manquait cependant pas d'intérêt musical. Après une courte introduction, s'imposait, aux altos et violoncelles, un thème d'allégresse en *la majeur* :

puis, bientôt après, une seconde idée, plus douce, et longuement exposée en *fa majeur* :

Le morceau se développait ensuite en *forme*

sonate, et, au cours de ce développement gravitant autour d'*ut majeur*, point central, le rythme et les dessins employés précédemment pour peindre la bestialité païenne semblaient sourdre, timidement d'abord. Après la réexposition des deux idées en *la* et *ut majeur*, s'établissait, comme une exposition terminale, la mélodie rédemptrice descendant des hauteurs de l'orchestre jusqu'aux basses, en *fa dièze majeur*, ton triomphal ; bientôt elle infléchissait en *la majeur*, tonalité moins lumineuse, comme pour se mêler à l'allégresse initiale des hommes ; mais ceux-ci, refusant les bienfaits divins, se replongeaient de nouveau dans l'égoïsme et dans la haine, et le morceau se terminait par une courte reprise du thème païen se perdant au loin dans les ténèbres du ton de *la mineur*.

Le plan poétique et musical de ce morceau était vraiment tout à fait admirable...; on pouvait seulement regretter, outre certaines longueurs dans l'exécution, que la valeur intrinsèque des deux idées fondamentales ne fût point tout à fait à la hauteur du sujet à exprimer.

Franck le sentit, il refit le morceau de fond en comble, et il fit bien...

La troisième partie, sauf le chœur qui l'ouvre dans la seconde édition et qui ne figurait point dans le plan primitif (j'en donnerai tout à l'heure la raison), était telle que nous la voyons actuellement. Le vol des anges, s'éloignant de la terre rebelle, chante tristement, et, comme la première fois, les violons répètent leur chant en douloureux écho ; mais ce chœur, bâti de la même manière que le premier, et, bien que la parenté mélodique entre les deux reste fort appréciable, donne cependant une tout autre impression que celui-ci. Les anges n'y pleurent point *humainement*, comme ils s'étaient réjouis dans le premier ; Franck a su, pour exprimer l'angélique douleur, faire choix d'une mélodie à la fois plaintive et sereine, sublime chant de compassion d'êtres immatériels... Il fallait être *lui* pour trouver cela.

Le chœur est écrit dans le ton de *fa dièze mineur*, contrastant avec la joie du Noël de la première partie, par simple changement de mode.

Peu à peu, la lumière, abolie pour un temps, recommence à filtrer à travers les sombres erreurs humaines : c'est l'Espérance qui reparaît avec l'Archange, dans un air plus classique que l'hymne enthousiaste de la première partie, mais qui, modulant de *si mineur* à *si majeur*, amène graduellement, et dans cette dernière tonalité, la chaleureuse prière des hommes repentants, au-dessus de laquelle plane entre ciel et terre le thème prophétique, joyeusement chanté par les anges radieux

V. D'INDY.

Si l'on a bien suivi l'enchainement des tonalités employées, on aura pu se convaincre de l'évidente intention qui a présidé à leur ordonnance, intention dont Franck ne se cachait point et dont il était même très fier : « Je n'ai mis dans cette partition, nous disait-il, *que des tons dièzes*, afin de rendre l'effet lumineux de la Rédemption. »

Et, de fait, avec quelle admirable logique les *tons dièzes* se succèdent dans l'œuvre !

Partant d'une tonalité neutre et sans couleur absolue, *la mineur*, la première partie s'illumine par degrés ; il semble qu'on monte vers le *plus de lumière* au moyen des échelons *mi*, dominante, *la majeur* et *fa dièze majeur*.

Le morceau symphonique du milieu, suivant son rôle poétique, nous fait redescendre, au contraire, de *la majeur*, ton clair, jusqu'à la primitive obscurité de *la mineur* ; mais la dernière partie, tristement commencée en *fa dièze mineur* (relatif du ton clair précédent), se teinte à nouveau de nuances lumineuses pour terminer victorieusement au ton de *si majeur*, ton définitif, en opposition absolue avec ténèbres de *la mineur* et dont le Noël en *fa dièze* de la première partie n'était que la dominante annonciatrice.

Cette solide architecture, constituant un monument parfait et merveilleusement équilibré, fut malheureusement modifiée dans la deuxième édition, la seule qu'on connaisse maintenant ; c'est l'histoire de cette modification que je vais conter ici, non sans quelque hésitation, je l'avoue, car je suis un peu la cause de ce malencontreux changement de plan, et c'est bien, je crois, le seul tort que j'aie à me reprocher envers mon vénéré maître, mais cet aveu soulagera ma conscience d'un remords qui m'a longtemps poursuivi depuis que je sais ce que c'est que la composition musicale.

La première exécution de *Rédemption* eut lieu, je l'ai dit, le jeudi saint, 10 avril 1873, au Concert spirituel de l'Odéon, sous la direction de Colonne. Les répétitions ne se passèrent point sans anicroches ; dès la première, on s'aperçut que le matériel d'orchestre avait été si mal copié qu'il fallait arrêter à chaque mesure pour corriger des fautes grossières, ce qui met toujours la plus grande perturbation dans un orchestre et l'indispose généralement contre l'œuvre. La répétition fut donc levée — pour *Rédemption* — et tout le matériel rendu au pauvre Franck, désolé de ce contre-temps.

Il fallait, en deux jours (car la seconde répétition était proche) revoir et corriger toutes les parties d'orchestre et même en recopier un certain nombre qui étaient illisibles. Je connaissais bien la partition puisque, sur la demande de mon maître, j'avais accompagné au piano toutes les études chorales, je lui proposai donc, conjointement avec mes camarades Henri Duparc et Camille Benoît, de me charger de cette besogne, ce qu'il accepta simplement, n'ayant vraiment pas le temps d'en assumer lui-même la responsabilité.

Nous ne savions pas à quoi nous nous engagions..., et nous fûmes tout d'abord effrayés du travail matériel à accomplir en aussi peu de temps; cependant nous nous mîmes courageusement à l'œuvre dans l'atelier de Duparc, celui-ci maniant la colle, Benoît collationnant, et moi chargé des copies. En une journée et deux nuits pendant lesquelles le cognac de Duparc et les calembourgs de Benoît nous tenaient éveillés, tout fut prêt et sur les pupitres à l'heure fixée.

Malheureusement les deux autres répétitions furent très écourtées pour diverses raisons sur lesquelles je ne m'appesantirai pas, à tel point que le temps manquant pour travailler le morceau symphonique, deuxième partie de l'œuvre, sa suppression pure et simple fut décidée, au grand chagrin du maître qui voyait ainsi détruite l'harmonieuse construction si longuement, si amoureusement rêvée et élaborée.

Peu s'en fallut même que le chœur final de la première partie ne subît le même sort. Les musiciens de l'orchestre, rebutés par les doigtés du ton de *fa dièze majeur*, et suivant, du reste, une habitude chère aux exécutants d'alors vis-à-vis des débutants (Franck était, hélas ! à cinquante ans, un débutant devant le public...), les musiciens de l'orchestre, dis-je, déclarèrent ce final inexécutable. Le maître se refusa toutefois avec énergie à pratiquer cette nouvelle mutilation et l'exécution se ressentit déplorablement de cette mauvaise volonté de l'orchestre.

Rédemption ne formait que la seconde partie du concert spirituel dont la première partie était ainsi composée :

Psaume : *Cœli ennarrant*. . . . C. Saint-Saëns.
Air du *Stabat*. . . . . Mme de Grandval.
Deux airs avec chœurs, extraits
de *Fiesque* . . . . E. Lalo.
Duo du *Stabat*. . . . . Rossini.

L'oratorio de Franck fut médiocrement rendu ; les chœurs ne chantèrent qu'à peu près juste et Mme de Caters, qui n'avait accepté d'interpréter les airs de l'Archange, « cette musique bizarre et sans effet », qu'à la condition de se dédommager par les cantilènes à succès de Rossini, bâcla l'exécution de son rôle avec une hâtive indifférence. Aussi le public ne comprit rien à l'œuvre et manifesta son ennui à tel point que le concert prit fin devant une cinquantaine d'auditeurs tout au plus.

Beaucoup plus affectés que le maître lui-même de la malheureuse issue de cette campagne, nous, ses élèves, nous nous obstinions à en chercher la cause dans les difficultés d'exécution que nous estimions n'avoir point permis une convenable présentation de l'œuvre. Aussi résolûmes-nous d'entreprendre le siège du maître jusqu'à ce qu'il eût consenti à changer cette malencontreuse tonalité de *fa dièze majeur*, principe, croyions-nous, de tout le mal.

Ce fut moi qui me chargeai de porter la parole sur ce sujet. Je dois dire que je fus mal reçu la première fois, et, comme je récidivais, le « père Franck », rompant avec son aménité coutumière, me défendit un jour — presque sévèrement — de lui en reparler. Cependant, plusieurs de ses élèves préférés, Henri Duparc en tête, venant à la rescousse, il finit par se résigner à transposer l'air de l'Archange et tout le final de la première partie en *mi majeur*. Mais toute l'économie de l'œuvre en fut profondément altérée, car, si ce ton de *mi majeur* présente une plus grande facilité d'exécution, il s'en faut qu'il arrive à donner l'impression de fulgurante clarté qu'apportait celui de *fa dièze*, dominante et non pas sous-dominante de la tonalité finale.

On n'a, pour se rendre compte de la différence, qu'à comparer la modulation triomphale de la première édition, page 40 :

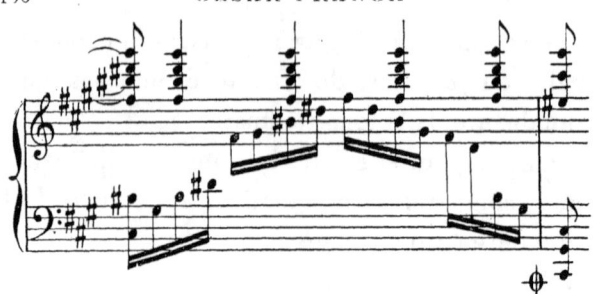

au raccord de la seconde édition, parue en 1875 :

L'intermède d'orchestre (*Symphonie* dans la seconde édition) fut aussi l'objet, de la part de Franck de retouches tellement nombreuses, tellement importantes sans qu'il en fût jamais satisfait, qu'il finit par se décider à le récrire complètement et sur d'autres données musicales, ne gardant du premier que l'intervention, à l'extrême fin, du thème fondamental de l'œuvre présenté de *si* en *ré* et amenant la péroraison.

Et c'est un bien curieux exemple de conscience artistique que cette réfection absolue d'un long morceau déjà gravé et qui avait coûté tant de peines à son auteur, mais c'est à cette conscience que nous devons la superbe mélodie initiale :

qu'il est impossible d'écouter sans émotion car c'est « la musique même », suivant le mot de Chabrier

Ce nouveau morceau est en *ré majeur* et sa signification poétique est moins complexe que celle du précédent, puisqu'il ne tend à exprimer que « l'allégresse du monde qui se transforme et s'épanouit sous la parole du Christ ». Il reste donc tonal et n'a aucune raison de modifier dramatiquement ses teintes par une marche vers l'obscurité comme le premier. C'est pourquoi, voulant cependant dépeindre l'état de l'humanité retournant au doute païen, Franck dut ajouter, comme contre-partie, le chœur d'hommes en *ré mineur* qui, dans cette seconde version, précède le chœur plaintif des anges et qui est déjà le présage d'un nouveau style dont nous allons avoir, dans le paragraphe suivant, à étudier les principales manifestations.

VI

TROISIÈME ÉPOQUE (1872 à 1890)

Ici, nous nous trouvons en face d'un Franck tout nouveau, d'un Franck définitif dont le génie, non plus timide et sans culture comme dans la première époque, non plus rêveur et aspirant à de nouveaux horizons comme au cours de la seconde, est enfin parfaitement conscient de lui-même, sachant ce qu'il veut et doublé d'un talent que l'atavisme traditionnel d'un côté, la réflexion et l'expérience de l'autre, ont rendu capable de tout oser et d'édifier simplement et solidement des chefs-d'œuvre.

A ce moment, une dernière transformation s'est opérée : Franck *sait* et *veut* composer. Loin de lui les tâtonnements, les hésitations de la jeunesse, bien loin le calme presque monacal de l'âge mûr ! Il semble, comme l'a remarqué son élève J. G. Ropartz[1], qu'il se soit recueilli pendant un certain nombre d'années afin d'acquérir les forces nécessaires au parcours de cette nouvelle carrière qui, au seuil de la cinquantième année, s'ouvre devant lui, tout étincelante de joies et de clartés nouvelles, et il s'y élance, alors, sûr de lui, plein d'une foi ardente et d'un juvénile enthousiasme.

Oui, il *sait*, à ce moment, comment mettre en œuvre les inspirations qui lui montent en foule au cerveau, et il *veut* créer. Et cette création est rayonnante de vie, débordante de beauté.

Il n'entend point qu'une seule des formes de son art lui soit étrangère ; symphonie, musique vocale, musique de chambre, oratorio, drame lyrique même, il aborde tout, aucune des terres du continent musical ne reste inexplorée par lui.

---

1. *Revue internationale de musique*, décembre 1890.

Et la conquête de ce vaste et nouveau domaine est pour lui l'occasion de trouvailles fécondes et d'une géniale et logique rénovation des formes traditionnelles.

J'ai, je crois, assez longuement parlé plus haut de ce qui constitue l'originalité du génie classique de Franck, pour n'avoir pas besoin d'y revenir ici ; on n'a, du reste, qu'à lire attentivement la production des dernières années de sa vie pour s'en rendre compte. Je ne veux donc point fatiguer le lecteur par une sèche et impuissante analyse de toutes les œuvres remarquables desquelles est formé le monument de sa troisième manière, mais seulement citer les principales, me réservant de consacrer une étude plus approfondie aux trois immortels chefs-d'œuvre que sont le *Quatuor en ré majeur*, les *Chorals* de 1890 et les *Béatitudes*.

C'est à regret que je ne fais que nommer les séduisantes *Eolides* et le recueil des *Trois pièces d'orgue* composées spécialement en vue de l'inauguration de l'orgue colossal du Trocadéro, lors de l'Exposition universelle de 1878, recueil dans lequel se trouve le *Cantabile* en *si majeur* dont la douce et orante phrase restera le type de la prière d'un artiste chrétien ; par deux fois elle s'élève et, là encore, nous ne pouvons qu'admirer le merveilleux usage du *canon* se prêtant sans gêne ni heurts à la parure de la mélodie. Celle-ci fut pensée par le maître spécialement pour le timbre chaud et expressif du nouveau jeu de *clarinette*, trouvaille de Cavaillé-Coll. Je ne m'appesantirai point non plus sur le triomphal *Quintette* en *fa mineur*, première production de musique de chambre depuis les trios de 1841, exécuté au concert de la Société Nationale du 17 janvier 1880, Saint-Saëns tenant la partie de piano, secondé par MM. Marsick, Rémy, Van Wœfelghem et Loys ; ni sur *Rébecca* et le *Chasseur maudit* (première exécution à la Société Nationale, concert du 31 mars 1883), mais je veux faire remarquer une évolution assez curieuse que j'ai déjà signalée en parlant des œuvres de la première manière, c'est le retour subit à l'écriture de pièces pour piano, genre délaissé par Franck pendant près de quarante ans. Je vais tâcher de déterminer les causes de cette évolution.

Depuis longtemps déjà les compositeurs négligeaient d'écrire pour le piano des œuvres sérieuses. Après l'avalanche de fantaisies et la pléthore de concertos qui encombrèrent la première moitié du XIXe siècle musical, il semblait que l'instrument, héritier des chefs-d'œuvre pensés pour le clavecin par les Bach, Haydn et Mozart, et ayant conquis avec Beethoven ses titres de noblesse, fût voué, artistiquement parlant, à une inféconde décadence. Si de grands spécialistes du piano avaient apporté à sa technique nouvelle d'ingénieux perfectionnements, si un Schumann trouvait, pour exprimer la poésie de son âme en de géniales piécettes, une écriture de piano plus orchestrale que son orchestre même et s'épandant en intimes et charmeuses sonorités, si un Liszt, démolissant d'un coup d'aile tout l'échafaudage du *pianisme* classique, enrichissait l'instrument au moyen de combinaisons jusqu'alors insoupçonnées et donnait à la virtuosité un décisif essor, aucun maître n'avait toutefois apporté de nouveaux matériaux *artistiques* au monument beethovénien ; bref, si la technique et l'écriture du piano étaient devenues tout à fait transcendantes, la musique destinée à l'instrument *seul* avait plutôt dégénéré ; or, toute forme qui ne progresse point finit par s'atrophier et disparaître.

L'important mouvement créé en France par la Société Nationale de Musique n'avait produit qu'un très petit nombre de pièces intéressantes pour piano seul, toute son activité se portant vers l'orchestre ou la musique de chambre ; c'est alors que César Franck, frappé de la pénurie d'œuvres sérieuses en ce genre, s'attacha avec une ardeur toute juvénile, malgré ses soixante ans, à chercher l'adaptation des anciennes formes esthétiques à la nouvelle technique du piano, ce qui ne s'opéra point sans d'assez notables modifications dans l'apparence extérieure de ces formes.

Ce fut au printemps de 1884 qu'il nous entretint pour la première fois de ce désir, et, à partir de ce moment jusqu'en 1887, il ne voit plus rien d'autre que le clavier d'ivoire. Il commence par un morceau pour piano et orchestre, sorte de poème symphonique sur le sujet de l'orientale de Victor Hugo, les *Djinns*, dans lequel le pianiste est traité en *exécutant* et non en soliste de concerto, comme l'usage le voulait jusqu'alors. Cette pièce, qui n'est pas, à proprement parler, une adaptation musicale du losange poétique d'Hugo et n'a même avec le sujet que d'assez lointains rapports, n'est qu'un premier essai qui va bientôt se compléter par l'admirable *Prélude, choral et fugue* pour piano seul. Dans cette création, tout est neuf, invention et construction.

En commençant la composition de cette œuvre, destinée à relever l'intérêt des programmes de la Société Nationale où elle fut, en effet, exécutée en première audition le 24 janvier 1885 par Mlle Poitevin, Franck avait l'intention d'écrire simplement un prélude et une fugue dans le style de Bach, mais bientôt il accueillit l'idée de relier ces deux pièces par un choral dont l'esprit mélodique planerait au-dessus de toute la composition, et c'est ainsi qu'il fut amené à produire une œuvre toute personnelle où rien, cependant, dans la construction, n'est laissé au hasard ni à l'improvisation, mais dans laquelle tous les matériaux, au contraire, sans en excepter aucun, servent à la beauté et à la solidité du monument.

Le *prélude* reste dans le moule classique de l'ancien *prélude de suite;* son thème, unique, s'expose à la tonique, puis à la dominante, et se termine suivant l'esprit beethovénien, par une phrase qui donne au thème un sens encore plus complet. Le *choral*, en trois parties, oscillant de *mi bémol mineur* à *ut mineur*, offre deux éléments distincts : une superbe phrase expressive présageant et préparant le futur sujet de la fugue, et le choral proprement dit, dont les trois paroles, pour ainsi dire, prophétiques, se déroulent en volutes sonores dans une calme et religieuse majesté.

Après un intermède qui nous ramène de *mi bémol mineur* à *si mineur*, ton principal, la *fugue* vient présenter ses successives expositions après le développement desquelles rentrent le dessin et le rythme de la phrase complémentaire du *prélude;* le rythme seul persiste et accompagne une reprise très mouvementée du thème du *choral*, puis c'est, bientôt après, le sujet de la

L'ARTISTE ET L'ŒUVRE MUSICAL 145

fugue qui entre lui-même au ton principal, en sorte que les trois éléments de l'œuvre se trouvent réunis en une superbe péroraison.

Dans l'interprétation de cette conclusion étincelante, c'est évidemment le sujet de la fugue qui doit être mis en lumière par l'exécutant, car il est, pour ainsi dire, la clef, la raison d'être de l'œuvre entière. Nous le rencontrons en effet dès la deuxième page du *prélude*, à l'état assez rudimentaire, mais néanmoins fort reconnaissable :

il se précise davantage dans la phrase initiale, premier élément du choral :

enfin, après son exposition complète dans la première entrée de la fugue :

la péroraison dont j'ai parlé plus haut le ramène ainsi combiné avec les autres éléments :

V. D'INDY. 10

et c'est à ce moment qu'il prend toute sa signification et nous enveloppe de sa victorieuse personnalité jusqu'au carillon final.

Tout autre est la construction du *Prélude, aria et final*, dédié à Mme Bordes-Pène et exécuté par elle pour la première fois au concert de la Société Nationale du 12 mai 1888. Cette œuvre apporte à la *forme-sonate* autant d'éléments de rénovation que la précédente en apportait à la conception du *prélude-fugue*.

Le *prélude* de celle-ci a pour thème une longue phrase en quatre périodes d'une inspiration étonnamment soutenue, elle se répète au ton relatif vers le milieu de la pièce et reparaît à la fin en *mi majeur*, ton principal, mais avec de légères modifications. On reconnaît ici la forme *andante* de sonate.

L'*aria* est la double exposition d'une simple et tranquille mélodie qui se meut de *la bémol majeur* à *la bémol mineur*, encadrée par une introduction courte et une conclusion qui reparaîtra dans le *final*.

Quant à cette dernière pièce, elle revêt l'aspect et présente l'ossature essentielle de la *forme-sonate*, avec cependant cette différence que la tonalité principale n'y apparaît pour la première fois que lors de la réexposition du second thème et se maintient sans changement jusqu'à la fin. L'effet de joie produit par le retour de cette tonalité est d'autant plus intense que celle-ci a été plus péniblement reconquise, au moyen d'une gradation tonale merveilleusement nuancée. Après le classique développement des thèmes, l'*aria* se fait entendre de nouveau, toujours calme malgré son entourage très mouvementé, en *ré bémol majeur* ; puis, comme contre-partie, une fois la réexposition des deux thèmes faite, c'est la noble mélodie du *prélude* qui s'installe en vigueur au milieu de la tonalité principale pour conclure en teintes expressivement dégradées, par les éléments de l'*aria* et, contrairement à la tintinnabulante péroraison de l'œuvre précédente, pour terminer doucement par une sorte d'évaporation de la mélodie qui fuit à travers l'espace.

Il est difficile de décider laquelle de ces deux œuvres est la plus géniale, mais ce que l'on peut affirmer à coup sûr, c'est que toutes deux ont donné un vivifiant essor à la littérature du piano qui allait s'échouer sur le double écueil du virtuosisme et de la futilité.

Entre ces deux types rénovateurs de l'art du piano, viennent prendre place les *Variations symphoniques* pour piano et orchestre [1], continua-

---

1. Première audition au concert de la Société Nationale de

tion, je l'ai dit, du travail d'amplification de cette forme, si magistralement commencé par Beethoven.

C'est aussi dans cette période de très active production que se placent l'achèvement des *Béatitudes*, [la composition d'*Hulda* et enfin la *Sonate en la*, pour piano et violon, dédiée à Eugène Ysaye, dont je veux dire ici quelques mots, car cette sonate est aussi l'un des plus frappants exemples d'application du système de la haute variation aux formes traditionnelles.

L'ossature mélodique de ce chef-d'œuvre est formée par trois thèmes dont le premier, cellule génératrice présentée d'abord à l'état de rythme :

régit, au moyen de multiples variations, toute l'économie organique de l'œuvre.

Quant aux deux autres :

et :

musique du 1ᵉʳ mai 1885 ; la partie de piano y fut jouée par M. L. Diémer

ils apparaissent successivement au fur et à mesure que le monument s'élève, et n'atteignent leur croissance définitive que lorsque celui-ci arrive au faîte.

Je n'ai pas besoin, je suppose, de faire remarquer que la première des cellules organiques citées plus haut sert de thème commun aux quatre pièces dont se compose l'ouvrage et qu'elle engendre dans le final, transformation très hardie de l'ancien type *rondeau*, un admirable et définitif exemple du *canon mélodique*, tel que Franck fut jusqu'ici seul capable de le concevoir.

Dès ce moment, la forme cyclique, base de l'art symphonique moderne, était créée et consacrée.

La majestueuse, plastiquement et parfaitement belle *Symphonie* en *ré mineur* est également construite suivant la même méthode. J'emploie ici à dessein le mot *méthode* pour la raison suivante : après avoir pendant longtemps noté Franck comme un empirique et un improvisateur — ce qui est radicalement faux — ses envieux (et il en suscitait beaucoup en dépit de sa bonté sans seconde) et surtout ses ignorants détracteurs s'avisèrent tout d'un coup de faire volteface et, adoptant la thèse opposée, de le désigner comme un algébriste de la musique, subordonnant l'élan de la pensée au consciencieux travail de la forme. Cela, soit dit en passant, est un reproche très commun qui servit de tous temps de pavé à l'ours ignare et grossier contre le rêveur de génie. Et pourtant quel est le compositeur de la seconde moitié du XIXe siècle qui sut — et put — élever sa pensée aussi haut que celui qui trouva en son cœur aimant et enthousiaste les immenses *idées* qui constituent le fonds musical de la *Symphonie*, du *Quatuor* et des *Béatitudes?*

Il arrive assez fréquemment dans l'histoire de l'art qu'une sorte de souffle, passant sur les esprits producteurs, les incite, sans entente préalable, à créer des œuvres de forme, sinon de portée, identique; on trouverait facilement des exemples de cette espèce de courant artistique chez les peintres et surtout chez les littérateurs, mais les plus frappants de ces exemples sont fournis par l'art musical.

Sans remonter plus haut que l'époque qui nous occupe, le lustre qui s'étend de 1884 à 1889 fut marqué par un très curieux retour vers la forme de la symphonie pure. Sans parler des jeunes, et aussi de quelques vieux sans importance, trois compositeurs déjà arrivés : Lalo, Saint-Saëns et Franck, mirent au jour, ces années-là, de véritables symphonies, mais combien différentes d'aspect et de donnée artistique !

La symphonie en *sol mineur* de Lalo, très classique de plan, est remarquable par la séduction qu'y exercent les motifs choisis, et plus encore par le charme et l'élégance des rythmes et des harmonies, qualités distinctives de l'imaginatif auteur du *Roi d'Ys*.

La symphonie en *ut mineur* de Saint-Saëns, pleine d'un incontestable talent, semble constituer une gageure contre les lois traditionnelles de la construction tonale, gageure que le compositeur soutient avec une habile éloquence ; mais malgré l'indéniable intérêt de cette œuvre basée, comme plusieurs autres de Saint-Saëns, sur le thème de la prose : *Dies iræ*, l'impression finale reste un sentiment de doute et de tristesse.

La symphonie de Franck, au contraire n'est qu'une constante ascension vers la pure joie et la vivifiante lumière, parce que la construction en est solide et les thèmes des manifestations de beauté. Quoi de plus joyeux, de plus sainement vivant que le motif principal de ce final autour duquel viennent comme se cristalliser toutes les autres idées de l'œuvre, tandis que, dans les régions supérieures, domine toujours celle que M. Ropartz nomme très justement « le motif de la croyance [1] » ?

---

1. J. Guy Ropartz. *Symphonies modernes*, extrait des *Notations artistiques*. Lemerre, 1891.

Cette symphonie est bien réellement *celle qui devait venir* comme couronnement du travail artistique latent au cours des cinq années auxquelles je viens de faire allusion [1].

Psyché, œuvre qui m'est particulièrement chère, puisque le maître me fit l'honneur de me la dédier, en accolant à mon nom le précieux titre d'ami, fut exécutée pour la première fois au concert de la Société Nationale du 10 mars 1888 et reprise ensuite aux Concerts Colonne le 23 février 1890.

J'ai déjà parlé de la signification toute mystique de cette œuvre qui, malgré son étiquette antique, n'a absolument rien de païen, encore bien moins de renaissant, mais est imbue au contraire d'une grâce toute chrétienne, à la façon des fresques de l'Arena de Padoue ou des Fioretti de saint François d'Assise ; je veux cependant porter à la connaissance du lecteur ce qu'écrit à son sujet M. Derepas dans l'opuscule duquel j'ai déjà fait mention précédemment,

---

[1]. Il faut faire justice de l'opinion erronée de certains critiques mal informés qui s'efforcent de faire passer la symphonie de Franck pour un succédané (ils n'osent dire une imitation, la différence entre les deux est trop flagrante) de celle en *ut mineur* de Saint-Saëns. Le fait brutal tranchera la question. La Symphonie avec orgue de Saint-Saëns fut jouée, il est vrai, pour la première fois en Angleterre en 1885, mais elle ne fut donnée et connue en France que deux ans plus tard (première audition le 9 janvier 1887, au Conservatoire) ; or, à cette date, la composition de la Symphonie de César Franck était entièrement terminée.

car cette opinion est le résultat d'observations très minutieusement déduites qui, venant d'un critique érudit et complètement dépourvu de parti pris, ne peuvent qu'intéresser tout esprit doué du sentiment de l'art.

« D'après la fable antique, Psyché, touchée
« d'amour mais tentée par les indiscrètes impa-
« tiences du savoir et cédant à la curiosité,
« retombe sur elle-même, impuissante à se rele-
« ver et privée pour toujours de la vision directe
« de l'au-delà. Franck n'a pas hésité à rompre
« avec la tradition païenne. Son poème aboutit à
« un dénouement plus optimiste. Psyché s'est
« endormie, étrangère maintenant aux bruits
« extérieurs. Les zéphyrs — c'est-à-dire ses
« plus pures aspirations — l'emportent dans les
« jardins d'Eros, dans le paradis désiré. Le
« céleste époux l'attendait. Mais elle commet
« l'imprudence de vouloir percer le mystère dont
« il s'enveloppe : la sublime vision disparaît.
« Retombée sur la terre, errante et plaintive,
« Psyché exhale sa douleur. Eros pardonne à la
« légitime ambition que lui-même avait, en
« somme, inspirée : tous deux montent dans la
« lumière. C'est l'apothéose, l'amour qui n'a
« plus à croire, qui voit et possède. C'est une
« véritable Rédemption.

« Plus encore que le libretto, la musique de

« Psyché est d'inspiration toute moderne et
« chrétienne. Les chœurs se développent en une
« polyphonie si pure, si suave, si constamment
« maintenue dans une région supérieure inondée
« d'une lumière sans ombre, que rien, ni dans
« le chœur des anges de la *Damnation de Faust*,
« ni dans l'*Enfance du Christ*, n'évoque plus
« nettement l'idée du ciel.
« Eros, Psyché ne prennent point la parole.
« Ce qu'ils éprouvent est traduit par l'or-
« chestre. En voici la raison : ici, ni Eros ni
« Psyché ne sont des personnes. Franck, oubliant
« les héros mythologiques, en fait des symboles
« de l'Ame humaine et de l'Amour suprême. La
« musique, la musique pure, sans paroles, pré-
« cisément parce que ses notes n'ont pas une
« signification définie, ses phrases un sens
« arrêté, est, de toutes les formes de l'art,
« l'expression la plus adéquate de ces réalités
« immatérielles. Dans cet oratorio, il n'y a donc
« point de *soli*. L'orchestre tient le rôle le plus
« important : il traduit les élans, les regrets, la
« joie finale de Psyché, l'action invisible mais
« féconde d'Eros. Tout au plus les chœurs,
« ensemble anonyme et impersonnel, chantent çà
« et là, en peu de mots, les péripéties du drame.
« Il est visible, d'autre part, que toute cette
« œuvre est traversée d'un souffle de mysticisme

« chrétien. La douleur de l'exil terrestre y prend
« l'accent de la prière. L'harmonie très sou-
« tenue du quatuor, les lignes dessinées par les
« violons, les épisodes confiés aux instruments
« à vent ne trahissent jamais la moindre préoc-
« cupation volupteuse, mais expriment toujours
« les plus hauts désirs du cœur, tout pénétré de
« divin [1]. »

Cette tendance mystique, mais d'une charmante et saine mysticité, s'accentue encore dans la *Procession* (première audition à la Société Nationale le 27 avril 1889) dans la *Vierge à la crèche*, exquise peinture de primitif ombrien, où le charme sincèrement naïf de la musique fait oublier les quelques mièvreries de la poésie ; — on dirait une petite madone de Bartolo di Fredi qui se serait échappée d'une muraille de San Gimignano pour venir à Paris se faire musique.

On retrouve encore les traces de cette religieuse tendresse dans la plupart des versets pour le *Magnificat* qui furent publiés après la mort de Franck sous le titre banal : *L'organiste*, 59 *pièces pour harmonium*.

Qui de nous ne se souvient de la joie de notre maître lorsque, alternant avec le chœur, il impro-

---

1. Gustave Derepas, *op. cit.*

visait à son orgue les versets pairs du Cantique à la Vierge qui termine l'office de vêpres ? — Là, plus de préoccupation comme à l'office du matin où la construction mélodique et tonale d'un offertoire, d'une communion, exige une hâtive mais sérieuse réflexion ; plus de bouche interrogative, plus de main planant, hésitante, au-dessus des registres ; ce *Magnificat*, c'était un sourire perpétuel, un sourire largement épanoui sur une face joyeuse, un sourire plein de confiance et exempt de doute,... c'était le sourire du « père Franck ».

Il se ruait à l'improvisation de ces versets comme un enfant à la ronde, et, vers la fin de sa vie, lorsqu'un éditeur avisé lui demanda de fixer ces fugitives impressions en un recueil de *cent* pièces pour harmonium, il accepta tout de suite et se mit à l'œuvre avec tant d'ardeur qu'il lui arriva fréquemment d'écrire au net quatre à cinq de ces piécettes dans une seule matinée.

La mort arrêta ce travail.

M. le chanoine Gardey, curé de Sainte-Clotilde, qui le connut pendant près de vingt-cinq ans et qui, sur sa demande, vint lui administrer lui-même les derniers sacrements, nous a raconté que dans une de ses visites au pauvre homme de génie mourant, celui-ci, au souvenir évoqué par le prêtre de ses improvisations du dimanche,

tourna vers lui une tête amaigrie qu'une trace des joies d'autrefois illuminait encore, et répondit : « Ah! ce *Magnificat*, je l'ai tant aimé!
« — En ai-je improvisé des versets sur ce beau
« texte ! — J'en ai écrit un certain nombre ; je
« viens d'en donner soixante-trois à mon édi-
« teur, mais je veux arriver à cent. — Je les
« reprendrai dès que je serai guéri,... ou bien », termina-t-il plus bas, « Dieu permettra que je
« les achève... dans son éternité ! »

Je dois maintenant parler des deux essais de musique dramatique que fit César Franck; le premier, *Hulda*, commencé en 1882, terminé en septembre 1885, le second, *Ghisèle*, dont l'esquisse complètement établie est signée et datée du 21 septembre 1889.

On s'étonnera peut-être que je me sois servi du mot *essai*, en parlant de ces deux œuvres ; la raison en est que, malgré leur très haute valeur musicale, incontestable et incontestée, elles ne me semblent point représenter dans l'ordre dramatique le mouvement en avant, l'élan généreux et rénovateur qui se produisent dans toute la musique symphonique de cette troisième époque de la vie du maître.

Chose bizarre, les opéras de Franck sont, à proprement parler, moins véritablement *dramatiques* que ses oratorios.

Je crois que cette infériorité esthétique est, pour une grande part, attribuable à la flagrante médiocrité des poèmes qui lui furent offerts, poèmes ne dépassant pas la portée du livret d'opéra historique qui agonisait déjà à cette époque, mais, il faut bien le dire aussi — et ceci n'est rien moins qu'un reproche... — le génie de Franck n'a jamais rien eu de théâtral. Théâtral, il ne le fut point en sa vie, bien moins encore en ses œuvres ; comment donc aurait-il pu concevoir une musique destinée uniquement à l'effet de scène, à la captation des suffrages d'un public par tous les moyens, seul canevas que ses poèmes pouvaient lui fournir? Il était trop sincère et trop consciencieux pour que la pensée d'un art de ce genre pût même germer en son esprit. Il se contenta donc de faire de la belle musique sans chercher une nouvelle expression dramatique qui ne pouvait lui être suggérée par les textes mis à sa disposition.

Il eut cependant un premier moment d'*emballement* (qu'on me passe cette trivialité) sur *Hulda*, mais, chose à remarquer, ce qui le séduisit tout d'abord, ce fut le ballet, qui était encore de la musique symphonique.

Aussi écrivit-il ce ballet tout d'une traite, en même temps que le prologue, qui n'existe plus dans la partition actuelle et a été remplacé, on ne sait trop pourquoi, par un épilogue. Un soir de l'automne 1882 où Henri Duparc et moi avions été lui rendre visite, il vint à nous, très rouge, très excité, et nous lança cette phrase dont seuls ceux qui ont connu le « père Franck » peuvent apprécier toute la saveur : « Je crois que le ballet d'*Hulda* est une très bonne chose, j'en suis content ; je viens de me le jouer et même... je l'ai dansé ! »

Hulda fut représentée pour la première fois au théâtre de Monte-Carlo en 1894.

Quant à *Ghisèle*, la composition en fut plus rapide encore, puisque, commencée à l'automne de 1888, elle prenait fin, comme je l'ai dit plus haut, en septembre 1889.

Année féconde que cette année 1889 où Franck, sûr de lui-même, put écrire en ses deux mois de vacances les deux derniers actes de son opéra et son sublime quatuor à cordes ! On eût dit qu'il pressentît sa fin et se hâtât d'exprimer tout ce qu'il avait encore de musique en lui.

Ghisèle était donc, à sa mort, complètement achevée en brouillon d'orchestre, le premier acte était même instrumenté au net, et les cinq disciples qui eurent l'honneur de terminer l'instrumentation des deux derniers étaient tous assez familiers avec la pensée intime du maître ainsi qu'avec sa manière d'extérioriser cette pensée en esquisses au crayon, pour que la besogne leur devînt facile[1].

La première représentation de *Ghisèle* eut lieu au théâtre de Monte-Carlo le 5 avril 1896.

Nous voici arrivés en face des dernières œuvres, magnifique faîte d'une géniale ascension. Bien que l'absolue beauté soit évidemment indescriptible, je voudrais cependant, à défaut de pouvoir en produire ici la sensation, tenter, autant qu'il est possible, d'en chercher et d'en déterminer les causes dans les trois chefs-d'œuvre que j'ai réservés au commencement de ce paragraphe, m'excusant d'avance auprès de mes lecteurs de l'impuissance de ma plume... et les priant d'user d'indulgence à l'égard d'un musicien obligé d'employer une autre langue que celle de son art, pour parler de cet art lui-même. Je m'efforcerai de rester, en mes descriptions, à la portée de tous les esprits, j'entends de ceux qui, sans en connaître le métier, aiment la musique et se laissent toucher par la Beauté.

---

1. Ces cinq disciples étaient : Pierre de Bréville, Ernest Chausson, Arthur Coquard, Vincent d'Indy et Samuel Rousseau.

VII

LE QUATUOR EN RÉ MAJEUR

La composition que l'on nomme quatuor d'archets ou quatuor à cordes doit, pour avoir une réelle signification artistique, être une œuvre de maturité. Qu'on ne croie point surtout que j'aie l'intention d'exposer ici une règle dogmatique — Dieu m'en garde ! — ce que je viens d'énoncer n'est pas autre chose que le résultat d'expériences corroborées par l'observation historique.

Il n'y a pas d'exemple, même chez les musiciens de génie, d'un *bon* quatuor à cordes daté d'une période de jeunesse ; les beaux quatuors de Mozart sont ceux de 1789 et 90, l'auteur avait alors trente-trois ans, et trente-trois ans, pour Mozart, c'était presque la vieillesse.

Ce fut seulement en sa trentième année que Beethoven osa s'attaquer à cette sorte de composition, ayant refusé, comme on sait, à l'âge de vingt-sept ans, les offres tentantes du comte Appony, et encore ne fut-ce que neuf ans plus tard qu'il commença à entrevoir dans le septième quatuor, en *fa*, ce que pouvait donner cette forme. Les dix ou onze premiers ne sont en réalité que des essais et l'ère du véritable quatuor beethovénien, de celui qui, au moyen de quatre instruments, fonde toute une nouvelle musique, cette ère date seulement de 1822, Beethoven avait alors cinquante-deux ans...

E. Grieg, en un article sensationnel sur ses premières études, écrit pour un journal américain [1], rapporte qu'à son arrivée au Conservatoire de Leipzig, Reinecke, en bon pédagogue allemand, lui enjoignit d'écrire un quatuor à cordes, — ce quatuor était mauvais, l'auteur le reconnaît de bonne grâce, mais celui-ci garda toujours les traces de cette erreur première d'éducation. Grieg, en effet, charmant improvisateur de *lieder* plus ou moins populaires, n'est rien moins qu'un symphoniste et n'arrivera probablement jamais à l'être.

« Mais, pourrait-on m'objecter, celui qui sait écrire l'orchestre, doit *a fortiori*, pouvoir écrire le quatuor. » — Cette opinion, qu'on me permette de le dire, est complètement erronée et ne peut provenir que d'esprits au jugement superficiel.

Il n'y a presque pas de rapport entre la manière de penser et de réaliser une idée au moyen du *quatuor d'orchestre* ou de faire la même opération en vue du *quatuor de chambre ;*

---

1. Edv. Grieg. *My first success* (mon premier succès). The Independent. New-York, 1905.

le fond, la forme, l'écriture elle-même, sont, dans cette dernière sorte de composition, presque l'opposé de ce qu'ils sont dans la symphonie pour orchestre par exemple, ce qui fait que les *jeunes* quatuors, écrits trop tôt, de quelque séduisantes chatoyances soient-ils pourvus, vieillissent vite et s'effondrent en raison de leur manque de solidité.

Les causes de tout cela sont faciles à exposer, mais les donner ici m'entraînerait trop loin, et d'ailleurs cette étude n'a nullement la prétention d'être un traité de composition musicale.

Qu'il me suffise de répéter que le quatuor à cordes est certainement la forme la plus difficile à traiter dignement et que, pour obtenir cette variété dans l'unité qui en est la condition essentielle, une forte maturité d'esprit et de talent, jointe à une sûre expérience de l'écriture, est tout à fait indispensable.

Ce fut au cours de sa cinquante-sixième année que César Franck osa penser à la composition d'un quatuor pour archets ; et encore, en cette année 1888 où nous remarquions avec surprise, étalées sur son piano, les partitions des quatuors de Beethoven, de Schubert et même de Brahms, ne fit-il qu'y penser sans rien écrire, et ce n'est que du printemps de 1889 que datent les premières esquisses.

Le premier mouvement, l'idée mère surtout, lui coûtèrent des peines infinies à mettre sur pied ; longtemps, souvent, il recommença, effaçant nerveusement le lendemain à grands coups de gomme ce qu'il croyait définitif la veille. Il édifia même un bon tiers du premier morceau sur une idée mélodique dont il fut amené ensuite à modifier presque entièrement l'ossature ; il n'hésita point alors à barrer ce qui était déjà écrit *au net* et à recommencer le morceau à nouveau suivant une deuxième version dont il ne fut pas encore satisfait et qu'il détruisit aussi pour la remplacer enfin par la définitive.

A titre documentaire, et pour l'édification des jeunes auteurs qui considèrent comme immuable toute phrase sortant de leur plume, je reproduis ici les trois versions de cette idée musicale appelée à jouer dans l'œuvre un rôle si important.

C'est ainsi que Beethoven s'y reprit à cinq fois pour établir le thème (qui paraît cependant avoir coulé de source) du final de la Sonate pour piano, op. 53.

Franck n'eut point à se repentir de cette laborieuse gestation de son premier mouvement de quatuor, car c'est peut-être à ses hésitations, à ses retours sur lui-même qu'il dut de trouver la forme si spéciale de cet absolu chef-d'œuvre.

L'ARTISTE ET L'ŒUVRE MUSICAL

1re Version

Ce premier mouvement est, en effet, la plus étonnante pièce symphonique qui ait été construite depuis les derniers quatuors beethovéniens. Sa forme, essentiellement nouvelle et originale, consiste en *deux* morceaux de musique vivant chacun de sa vie propre et possédant chacun un organisme complet, qui se pénètrent mutuellement sans se confondre, grâce à une ordonnance absolument parfaite de leurs éléments et de leurs divisions.

Comme le *Quintette* en *fa mineur*, comme la *Symphonie* et la *Sonate de violon*, ce quatuor est édifié à l'aide d'un thème générateur qui devient la raison expressive de tout le cycle musical, mais, rien, dans l'œuvre de Franck pas plus que dans celui de ses prédécesseurs, n'égale en audacieuse et harmonieuse beauté ce type de musique de chambre unique aussi bien par la valeur et l'élévation des idées que par la perfection esthétique et la nouveauté très personnelle de l'architecture.

Dussé-je paraître trop technique, et en conséquence fastidieux pour quelques-uns, je vais cependant tâcher — pour quelques autres — de faire comprendre l'union de ces deux personnes du quatuor en une seule ; et, ne trouvant pas de terme propre à qualifier ces deux portions d'un même tout, on me permettra de les désigner simplement par le nom de la forme qu'ils affectent dans l'ensemble du premier mouvement, l'une étant construite en *forme-lied*, l'autre en *forme-sonate*.

C'est le thème générateur du cycle qui forme à lui seul l'exposition lente du *lied* : (Thème X)

exposition parfaitement complète dans le ton de *ré majeur*. Après cela, entre, en un mouvement *allegro*, l'exposition de la *Sonate* avec ses deux motifs, le premier en *ré mineur* : (Thème A)

le second en *fa majeur*, selon la coupe classique : (Thème B)

ces deux idées reliées entre elles par un dessin mélodique : (Motif C)

qui est appelé à jouer un rôle important dans le final.

L'exposition de la *sonate* se termine en *fa*, ton

relatif, et au moyen des mêmes dessins que celle du *lied*.

Ici, au lieu du développement classique de la sonate, c'est le *lied* qui apparaît de nouveau, en *fa mineur*, mais traité en fugue, et avec une assez notable continuité pour lui laisser la valeur d'une partie médiane d'*andante* :

admirable et mystérieuse méditation qui se déroule lentement comme une tombée de crépuscule, s'étageant en teintes de plus en plus sombres.

Alors c'est l'*allegro* qui reprend la parole et qui, secouant le nocturne manteau que le *lied* vient de revêtir, s'efforce, en un développement ascensionnel, de remonter vers les régions lumineuses. — Il n'y parvient pas ; il ne peut, en sa réexposition, que soulever, çà et là, les sombres voiles, et il faudra la douce et calme imposition terminale du *lied* vainqueur pour ramener, avec la tonalité principale, la lumière tant désirée.

Qu'on veuille bien me permettre, afin de me faire mieux comprendre, de donner ci-contre un schéma plastique de ce qu'il est si difficile d'expliquer par des mots ; on saisira plus claire-

L'ARTISTE ET L'ŒUVRE MUSICAL 173

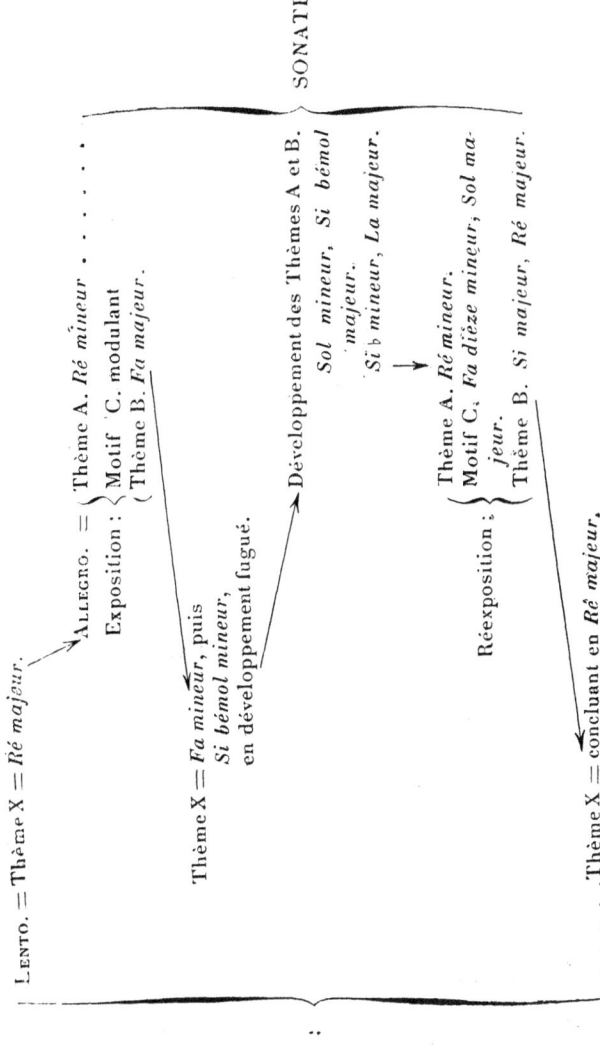

ment la conception et le plan de cette étonnante pièce si l'on veut se reporter aux motifs musicaux notés plus haut, auxquels j'affecte, comme pour une démonstration mathématique, des lettres indicatrices.

Mais, ainsi qu'il doit être des belles œuvres, l'auditeur ne se doute point de l'exceptionnelle et admirable architecture de ce monument, architecture dont il subit cependant l'influence par le sentiment qu'il se trouve en face de quelque chose de puissamment grand, tout en se laissant aller à la séduction exercée par le charme pénétrant des thèmes musicaux.

Le *scherzo*, en *fa dièze mineur*, un jeu, « une ronde de sylphes dans un paysage sans lune », eût-on dit aux temps romantiques, fut fait, ou du moins écrit en dix jours ; l'esquisse, à peine raturée, porte la date du 9 novembre, tandis qu'à la fin du premier mouvement, s'étalent en grosses lettres, les mots : 29 octobre 1889, suivis de la mention de durée : 17 minutes.

Quant à la troisième partie, le *larghetto* en *si majeur*, ton aimé du maître, c'est encore un monument admirable de pureté, de grandeur, de sincérité mélodique. Je ne pense pas que, depuis les *andante* des derniers quatuors beethovéniens, il soit possible de rencontrer, dans toute la production musicale, une phrase aussi élevée, aussi complètement belle de pensée, de proportions et d'effusion que cette lente prière.

Celle-là aussi, il la chercha longtemps... — A nous, ses anciens élèves, il faisait part de ses espoirs, de ses déceptions, de ses recherches incessantes à ce sujet, et avec quelle joie, un jour que j'allais lui rendre visite, il s'écria, du bout de son salon et avant même de m'avoir serré la main : « Je l'ai trouvée !... c'est une belle phrase ; vous allez voir... » ; et de se mettre aussitôt au piano pour me faire partager son bonheur.

Oh ! maître, dans quel repli de votre « âme de séraphin » (comme disait notre camarade Alexis de Castillon), avez-vous pu trouver le germe que vous avez si bien su faire fleurir et fructifier, et qui, arbre maintenant, se dresse glorieux pour le plus grand honneur de la Musique !...

Le *final*, quoique d'une architecture moins primesautière que le premier mouvement, mérite cependant d'être étudié. Il est construit en *forme-sonate* et précédé d'une introduction où l'auditeur retrouve successivement les motifs des morceaux précédents, procédé connu, mais rarement très bien mis en valeur.

La première esquisse de cette introduction est assez curieuse, au moins par sa concision où l'indication littéraire se mêle à la touche musicale. — Après avoir noté le conduit intermédiaire du final (ce que les Allemands nomment *Durchführung*) :

et avoir couronné cette notation du mot *commencement*, Franck écrit en caractères très accentués : « Il faut une *phrase neuve* ici, voir le Quatuor en *mi bémol*[1] ». — Puis vient l'indication : *à la fin* :

ce qui prouve que ces esquisses du final furent jetées avant la composition du *scherzo* dont cette phrase, réduite en rythme ternaire, devint le thème de trio[2].

Immédiatement après se trouve, tenant trois portées, la mention : « Au milieu de la 2e partie, « ou vers la fin, ou avant le retour du commen-« cement du final, réminiscence de l'*Andante* », et ensuite la musique de cette réminiscence.

1. L'op. 127 de Beethoven.
2. Franck avait donné ces esquisses du quatuor à son élève, notre cher et regretté camarade Ernest Chausson. Mme E. Chausson a bien voulu m'autoriser à en reproduire ici quelques fragments.

Enfin, vient une suite de motifs, tous précédés de points d'interrogation, du milieu desquels surgit celui qu'il élut définitivement pour thème initial du final. L'étude de ces deux pages est instructive pour qui veut s'éclairer sur les procédés de composition d'un grand musicien, procédés qu'on retrouve, presque identiques, dans les cahiers d'esquisses de Beethoven.

Pour en revenir au final du Quatuor, il offre cette particularité remarquable que ses deux idées principales sont comme des émanations de phrases ou de dessins déjà exposés dans le premier mouvement, mais la présentation en est faite ici dans un esprit et sous un aspect absolument nouveaux.

On reconnaîtra sans peine la phrase génératrice du *liea* (dénommée plus haut : thème X) dans le dessin :

exposé par l'alto comme première idée du morceau ; quant à la seconde idée, formée en trois phrases, comme les secondes idées beethovéniennes, elle tire son élément principal, celui de sa première phrase :

du motif que j'ai catalogué sous la lettre C, dans le premier allegro :

Les deux autres phrases de cette seconde idée :

et :

sont spéciales au final, bien qu'on puisse retrouver dans la première quelques contours mélodiques du premier mouvement.

L'ordonnance du développement offre un choix de teintes vraiment merveilleux. Passant par *ut dièze majeur* (*ré bémol*), *fa dièze*, *ré dièze* (*mi bémol*), il se repose un instant en *si bémol majeur*, tonalité intermédiaire entre *ré mineur* et *ré majeur*, puis reprend son essor pour aboutir à la réexposition qui se fait classiquement jusqu'au développement terminal, au milieu duquel le rythme obstiné du *scherzo* finit par ramener en valeurs augmentées la radieuse mélodie du *larghetto* qui clôt presque religieusement ce magnifique ensemble.

Ce quatuor est vraiment une œuvre de beauté !

VIII

LES TROIS CHORALS POUR ORGUE [1]

Je ne m'étendrai point aussi longuement sur les *chorals* que je viens de le faire pour l'œuvre précédente, mais je veux toutefois démontrer par l'analyse du *Choral en mi*, la vérité de ce que j'avançais plus haut au sujet de l'héritage de la grande variation beethovénienne que, seul, Franck sut recueillir et magnifier encore.

A l'heure actuelle où chacun a pu entendre les Cantates et les Passions de Bach, on ne peut ignorer, pour peu qu'on ait prêté quelque attention en écoutant, ce en quoi consiste un thème de choral, exposition de courtes périodes séparées

---

1. Franck avait dédié ces trois chorals à MM. Al. Guilemant, Théod. Dubois et Eug. Gigout, c'est par erreur que d'autres noms ont été inscrits sur l'œuvre éditée.

par des silences dont la succession arrive à constituer une phrase mélodique complète. Cette forme, issue du chant grégorien où elle s'épanouissait en libres rythmes, devint, à l'époque dite renaissante, le type du chant collectif de la réforme protestante, mais combien diminué de valeur esthétique, à cause de son asséchement en formules harmoniques aux lieu et place de la libre et expansive mélodie grégorienne!

Le choral, tournant au bout de peu de temps en simple chanson, fut sauvé en tant que forme musicale par J.-S. Bach, qui, reprenant et élevant à la hauteur de son génie les procédés des organistes catholiques, créa un type nouveau de Choral varié pour orgue, découverte qui aurait dû être féconde, mais dont cependant Beethoven et Franck seuls surent tirer partie.

Le premier *Choral pour orgue* de Franck, en *mi majeur*, offre cette particularité que le thème proprement dit n'est exposé d'abord que comme partie accessoire d'un tout, également en forme de choral, auquel il sert simplement de conclusion (de *coda*, en termes techniques).

L'exposition du morceau est donc un thème de *lied* en sept périodes modulantes, dont la sixième ramène et détermine la tonalité de *mi majeur* et se complète par une septième qui semble surajoutée, mais qui arrivera peu à peu à s'imposer seule et à devenir personnage principal en annulant toutes les autres.

Voici, afin que l'on puisse suivre cette analyse sur la musique même, les notes initiales de chacune de ces sept périodes :

A la suite de cette belle exposition paraît une première variation dans laquelle la phrase que l'on vient d'entendre se reproduit fragmentairement, en ce sens que les périodes II, IV et VI tombent, seules les périodes impaires y sont traitées, et déjà la septième s'arroge un rôle plus important que celui d'une simple coda.

La deuxième variation est plutôt une émanation harmonique (selon Beethoven) qu'un commentaire du thème, cependant elle développe très clairement les périodes I et IV, mais bientôt c'est la septième seule qui occupe le discours musical ; la troisième variation s'en empare et la tire péniblement de l'obscurité où les autres périodes avaient tenté de la reléguer, pour la faire monter ensuite graduellement vers l'éclat final où toute la puissance de l'orgue l'impose, triomphant enfin de ses compagnes en une péroraison toute joyeuse de la tonalité reconquise.

C'est ce triomphe que le père Franck voulait nous expliquer par ces mots, incompréhensibles pour nous qui ne connaissions pas encore la pièce : « Vous verrez, le *vrai* choral, ce n'est « pas le choral ; il *se fait* au courant du morceau ».

Les deux autres, en *si* et en *la,* conçus également dans le style de la *grande variation,* ne sont pas moins beaux, mais il serait abusif de les analyser ici et le premier suffira pour démontrer l'assimilation (je ne dis point l'*imitation*) par Franck du procédé amplificateur qui est si frappant dans les toutes dernières œuvres du génie qui écrivit la IXe symphonie.

IX

LES BÉATITUDES

Singulière destinée que celle du genre de composition nommé *oratorio*, et bien digne d'une étude spéciale, car elle constitue l'un des plus curieux exemples de transformisme qu'il soit permis de constater dans l'histoire de l'Art.

Sorte d'opéra mystique au début, l'oratorio devient bientôt purement lyrique et se rapproche alors de la forme symphonique en adoptant la coupe *Cantate;* mais, en notre époque moderne, époque tourmentée, époque toute de provisoire où la foi, subissant les assauts du doute, ne trouve plus en l'art sa naturelle expression, l'oratorio musical fut insensiblement amené à remplacer et à continuer un genre littéraire complètement abandonné : l'Épopée.

L'épopée, ce monument poétique dont nous n'approchons qu'avec une sorte de crainte superstitieuse, car ses manifestations, qu'on pourrait facilement compter, n'apparaissent que de loin en loin dans l'histoire, l'épopée que l'on ne rencontre qu'au cours des siècles dits de transition et dans des conditions particulières, fut longtemps, en effet, pour les peuples, la marque de passage d'une manière d'être établie à un nouvel état artistique et social.

Au sortir des influences purement mystiques et théocratiques qui abritèrent de tous temps le berceau des nations et des civilisations, s'ouvre toujours une ère de combats, héroïque dans l'antiquité, chevaleresque au moyen âge, précédant la période dans laquelle l'être humain, voire sa personnalité physique, devient l'objectif unique du mouvement social, jusqu'à l'avènement d'un nouveau cycle qui recommence et reproduit la marche des précédents.

C'est donc au milieu de la période de trouble, période de guerres gigantesques, de luttes intestines, d'actes sublimes et de crimes monstrueux que fleurit invariablement ce mystérieux lotus de la littérature que l'on nomme poème épique.

Telles, les épopées homériques, fixant la langue et la mythologie au seuil de la civilisation grecque, telle l'*Enéide*, lis croissant sur la limite même qui sépare le monde païen arrivé à l'état de scepticisme le plus complet de l'élan de foi enthousiaste sur lequel se greffa toute la grande civilisation chrétienne. Telle encore, cette *Commedia* à laquelle on accola à juste titre l'épithète de *divine*, et qui, née au milieu des incessantes luttes déchirant l'Italie, fut néanmoins une œuvre d'apaisement en laquelle se trouvent rassemblées et concentrées toutes les connaissances de l'époque, toutes les croyances exubérantes dont les croisades furent le généreux phénomène.

Lorsque l'épopée tente de se produire hors de son milieu ou des temps favorables à son éclosion, elle perd alors une partie de sa signification; ce peut être un poème habilement versifié, avec une certaine apparence de grandeur, comme la *Pharsale*, le *Paradis perdu* ou la *Messiade*, mais cela reste toujours une œuvre de dilettantisme et non plus la manifestation universelle, nécessaire, attendue.

En notre temps, l'âme humaine est trop inquiète, trop ballottée en tous sens pour être à même d'enfanter *littérairement* l'œuvre de naïve croyance que doit être l'épopée; le chant un peu indéterminé du vers rythmé, assonnancé ou même rimé, ne suffit plus à éveiller l'intérêt des peuples et porter à la connaissance de tous les hautes pensées du poète; il faut un autre élément pour remplir l'office de truchement intellectuel, élément doué d'une influence mystérieuse et quasi divine, mais aussi élément jeune, pouvant s'adapter, en raison de sa nature expressive, au besoin de rêve et d'idéal qui subsistera toujours au fond du cœur de l'homme, quelque peine que se donnent les apôtres du dogme matérialiste pour l'en arracher.

Cet élément vivificateur fut la musique.

Et le XIXe siècle vit éclore, de Beethoven à Franck, en passant par Schumann, Berlioz et Wagner, un grand nombre de productions, sacrées ou profanes, qui ne sont autre chose que des poèmes épiques musicaux.

Épopée, la *Missa solemnis* où l'auteur des neuf symphonies raconte la vie du Christ, la grandeur de sa doctrine et la soif de fraternelle paix, rêve de l'âme moderne. Épopées incomplètes si l'on veut, mais au moins matière épique, ce *Faust* où Schumann paraphrase le gigantesque poème de Gœthe, et cette *Damnation* où Berlioz tente d'assimiler ce même poème à notre esprit français ; épopée, cette *Tétralogie* où Wagner recrée, pour la plus grande gloire de la musique, les mythes et les symboles des croyances septentrionales, comme Homère avait naguère condensé les légendes méditerranéennes ; épopée enfin ces *Béatitudes*, œuvre dans laquelle le « père Franck » raconte presque naïvement la bienfaisante action d'un Dieu tout amour sur les destinées humaines.

Dans ce poème musical, en effet, toutes les conditions requises aux temps classiques pour la constitution du poème épique, se trouvent remplies : unité, grandeur, plénitude et intérêt du sujet, appropriation du milieu et du poète, celui-ci faisant œuvre de foi en un siècle ravagé par l'incrédulité, croyant lui-même fermement à ce qu'il narre, et s'imposant aux sceptiques eux-mêmes au moyen du discours musical, moins précis, mais plus universellement captivant que le poème versifié. Les *Béatitudes* furent donc l'œuvre attendue de la fin du XIXe siècle, œuvre qui, en dépit de quelques défaillances inévitables (*aliquando bonus dormitat Homerus*), restera comme un superbe temple solidement fondé sur les bases traditionnelles de la foi et de la musique, et s'élevant au-dessus des agitations du monde, en fervente prière, vers le ciel.

Ainsi qu'il en est pour presque tous les grands monuments de l'art, l'éclosion des *Béatitudes* fut précédée, dans la vie de leur auteur, d'une longue, très longue période de préparation ; de même dans la *Vita nuova* trouve-t-on des présages de la *Divine comédie*, de même rencontre-t-on avec stupéfaction l'esquisse du thème qui servira de sceau à la IXe symphonie dans un simple *lied* que Beethoven jette sur le papier en l'année 1804.

Les *Béatitudes* furent pour Franck l'*œuvre de toujours*. Dès sa première jeunesse, dès l'instant où il se sent non plus virtuose, mais musicien créateur, il pense à une assimilation dans l'ordre sonore du beau poème d'idées qu'est le Sermon sur la montagne. Comment cette promesse de bonheur futur n'aurait-elle pas séduit ce chrétien, simple et fort en sa foi? Comment ce Christ passant à travers les foules pour y jeter des paroles de justice et de paix ne fût-il pas devenu pour un Franck la manifestation faite musique d'un Dieu d'amour apaisant d'un geste les douleurs de l'humanité?

Franck aimait ce texte, il le relisait souvent. On conserve dans sa famille un « Recueil des Saints Évangiles » qu'il avait reçu en prix à la fin d'une année scolaire; la page, qui, en huit paragraphes, contient le divin discours, présente des traces d'usure démontrant qu'elle fut fréquemment consultée; de plus, en marge de chacune des paroles du Christ, on remarque des coups d'ongle, ces coups d'ongle que nous, ses élèves, nous connaissions si bien et au moyen desquels, lorsqu'il n'avait pas de crayon à sa portée, il avait coutume de souligner les passages de nos devoirs que, soit approbation, soit blâme, il voulait nous signaler.

Une très ancienne pièce pour orgue, datant de ses débuts comme organiste, mais dont le manuscrit lui-même est égaré, portait comme suscription : « Le sermon sur la montagne » ; le même titre se reproduit en tête d'une *Symphonie pour orchestre*, à la façon des poèmes de Liszt, qui date également d'une époque assez ancienne et n'a point été publiée [1].

Traduire en une paraphrase musicale digne du sujet ce poème divin fut donc la constante pensée du maître ; mais il lui fallait pour cela un texte versifié...

Trop peu confiant en son éducation littéraire, il n'osait pas entreprendre lui-même ce travail et les *librettistes* d'alors ne se souciaient point (heureusement!) de perdre de fructueux moments pour fournir à cet organiste obscur un canevas dont le rendement pécuniaire ne pouvait se présenter que comme fort problématique.

Franck, qui n'était point l'ascète sauvage et intransigeant que décrivent certains critiques peu informés, acceptait très volontiers d'amicales invitations à dîner ou à passer la soirée ; il

---

[1]. M. Georges C. Franck possède le manuscrit de cette *Symphonie* au milieu d'un assez grand nombres d'études et de pièces inédites de son père.

aimait à se rendre, le soir, dans certaines maisons amies pour se délasser de ses travaux du jour et on pouvait le rencontrer fréquemment dans la famille de M. Denis, alors professeur au lycée Saint-Louis. Celui-ci, frappé de l'enthousiasme avec lequel son ami l'organiste développait en causeries intimes le poème du Sermon sur la montagne dont le plan se faisait de plus en plus clairement dans sa tête et auquel il ne manquait qu'un texte écrit pour devenir musique, s'ingénia à chercher pour Franck un collaborateur littéraire et finit par trouver ce collaborateur en la personne de Mme Colomb, femme d'un professeur au lycée de Versailles.

Mme Colomb possédait une assez grande facilité de versification, elle avait même déjà publié quelques pièces qui lui avaient valu l'attribution d'un de ces prix que décerne annuellement l'Institut.

Le musicien, en quelques entrevues, lui expliqua donc la marche du poème telle qu'il la concevait et qu'il l'avait rêvée depuis tant d'années, et Mme Colomb lui fournit, sur ces données, des vers qui, pour n'être point fort remarquables comme poésie, sont néanmoins peu gênants et assurément bien préférables à ce qu'un librettiste de profession eût pu écrire en ce genre.

Voilà donc le maître nanti du texte si ardemment désiré. Aussitôt il se met au travail ; mais cela ne va point tout seul..., les retouches succèdent aux retouches et il semble bien que le compositeur ne soit tout d'abord pas très fixé sur le style musical à employer, il tâtonne, et ces tâtonnements sont restés sensibles, surtout dans la première partie de l'œuvre.

Cependant le prologue était venu assez vite et, à l'automne de l'année 1870, les deux premières *Béatitudes* étaient arrêtées musicalement. Pendant l'hiver de 1871, n'ayant point l'esprit assez libéré de l'angoisse qui pesait alors sur tous les cœurs français, et ne pouvant penser à créer du nouveau, il consacre ses heures de liberté à écrire l'instrumentation de ces premières parties qu'il termine en plein bombardement de Paris. Après l'intermède causé par la composition de *Rédemption*, il se remet à l'ouvrage et écrit le troisième chant, celui de la Douleur, qui paraît déterminer une sûre direction au point de vue du style de l'œuvre, puis c'est l'hymne sublime à la Justice, confiée à la voix d'un ténor soliste et dont le brouillon porte la date de 1875 ; enfin, rien ne le distrait plus jusqu'au complet achèvement, dans l'automne de 1879. Il avait mis dix ans à édifier le monument.

Mais ce fut seulement longtemps après cet achèvement qu'eut lieu la première exécution intégrale du chef-d'œuvre par l'orchestre et les chœurs de l'Association artistique, sous la direction d'Édouard Colonne. Ce fut en l'hiver de 1891, un an après la mort du maître, et, je l'ai dit, cette exécution prit aux yeux des artistes et du public, l'importance d'une véritable révélation. La même année, au mois de juin, une seconde exécution intégrale était donnée à Dijon, sous la direction de M. l'abbé Joseph Maître. Peu après, le 1er avril 1894, M. Sylvain Dupuis dirigeait la troisième audition complète, à Liège, la ville natale de l'auteur des *Béatitudes*. En 1894 également, le 8 juin et le 18 décembre, on exécutait le chef-d'œuvre par deux fois à Utrecht, et l'année suivante le distingué chef d'orchestre, Viotta[1], le dirigeait à Amsterdam, dans l'immense salle du Concertgebouw, avec un chœur de plus de six cents chanteurs.

Pendant ce temps, la Société des concerts du Conservatoire de Paris n'avait encore osé en donner (et combien timidement!) que deux fragments, et ce n'est qu'en 1904 que les *Béatitudes* figurèrent intégralement, en deux séances, à ses programmes ; mais l'œuvre n'avait désormais plus besoin de cette tardive consécration pour entrer dans la célébrité.

Le poème est naturellement divisé en huit

---

[1]. Actuellement directeur du Conservatoire de La Haye.

parties précédées d'un prologue : en huit *chants*, devrais-je dire, pour poursuivre son assimilation au poème épique des anciens. Chacun de ces *chants* est, à lui seul, un petit poème présentant antithétiquement un double tableau : d'abord, un exposé, douloureux ou violent, des vices et des maux qui règnent sur la terre, ensuite, l'affirmation céleste de l'expiation de ces vices, du remède à ces maux, enfin, soit entre les deux, soit en guise de conclusion, la voix du Christ vient, en quelques paroles, proclamer la béatitude promise aux guéris et aux sanctifiés. Chacune des parties du poème est donc comme un véritable triptyque dans toute la réalité du terme : deux volets se faisant face et se complétant par des contraires, tandis que le point central est occupé par la radieuse figure du Christ, toujours la même et cependant toujours différente en ses diverses attitudes.

Cette conception, si harmonieuse par la correspondance et l'absolu équilibre des parties constitutives, émane de Franck lui-même, je ne saurais trop le répéter, car le fait est remarquable à une époque où aucun musicien ne songeait à s'inquiéter de l'agencement et de la réalisation de son sujet, laissant tout faire au parolier.

Et quoi de plus « Franck », en effet, que cette œuvre, dans laquelle, indépendamment du rôle que se réservait l'incomparable musicien, on peut retrouver l'atavisme pictural empruntant instinctivement aux ancêtres d'art ou de famille leur merveilleuse entente du triptyque, le génie de l'architecte réunissant tous ces tableaux en un monument solide et puissant, et enfin la foi du chrétien traduisant naïvement, à la manière des confiants primitifs, la figure du Dieu fait homme?

Si je reviens sur le Christ des *Béatitudes*, c'est que le maître a su, dans son œuvre, donner de la personne divine une interprétation comme il n'en avait jamais été proposé avant lui dans toute l'histoire de l'art musical. Trop craintifs ou trop respectueux, les grands musiciens de l'époque polyphonique et de la période suivante n'avaient point osé faire paraître et parler le Fils de Dieu en tant que personnage réel. Si le céleste Jardinier rencontre la Madeleine [1], c'est, comme dans les madrigaux dramatiques, au chant collectif qu'est confiée sa voix. Plus tard, le Christ se montrera parfois dans les Cantates et les Oratorios, mais il gardera presque exclusivement le caractère de la rigidité protestante ; chez Hændel, chez Bach surtout, il sera le Dieu fort, le Dieu terrible, le Dieu sublime planant au-

---

1. Heinrich Schütz, *Dialogus per la Pascua*.

dessus de la terre et laissant tomber jusqu'aux humains d'admirables sentences de paix ou de condamnation, mais on ne le verra point s'incliner vers les humbles et les petits, on ne le trouvera point tout près de nous, vivant notre vie, souffrant lui-même nos souffrances et compatissant à nos maux avec la tendresse paternelle que nous montrent à chaque page les récits évangéliques. Plus tard encore, il passera avec Berlioz [1] à l'état de légendaire illusion, empreinte, il est vrai, d'une certaine poésie ; pour d'autres, il sera le « beau Nazaréen » tout court ou même quelque chose de pire : un simple prétexte à cavatines et à ariosos... Dès lors, plus rien ne subsiste de la figure divine, aussi son expression musicale s'en ressent-elle terriblement et devient-elle d'une conventionnelle et écœurante fadeur.

César Franck ne cherche point, lui, — qu'on me pardonne la trivialité du terme — midi à quatorze heures ; tel il a appris et aimé Jésus-Christ, tel il nous le donne, de tout son cœur de simple chrétien, dans les *Béatitudes*. Il a, nous affirme-t-on, lu à ce propos la *Vie de Jésus* d'Ernest Renan, mais c'est, bien assurément, pour dire tout le contraire, car l'inconsistante personnalité de l'homme qui veut se faire Dieu, décrite

---

[1]. *L'Enfance du Christ.*

par le génial indécis, n'a vraiment aucun point commun avec l'image du Dieu qui s'est fait homme pour consoler et sauver l'humanité, pure réalisation du musicien croyant et bon.

Aussi bien est-ce cette image du Christ, ou plutôt le son de sa voix, qui constitue l'unité de l'œuvre au point de vue musical, qui en forme comme le centre, le principal sujet autour duquel viennent se grouper les divers éléments du poème ; quelques-uns de ces éléments, par leur importance, leur complexité, la quantité de moyens musicaux qu'ils emploient, sembleraient devoir absorber à leur profit l'attention de l'auditeur, et cependant, chaque fois que la Voix du Christ se fait entendre, ne fût-ce que pendant quelques mesures, tout le reste s'efface pour laisser passer au premier plan cette figure divine qui nous touche jusqu'au fond de l'âme. C'est que Franck a su trouver pour traduire son Christ une mélodie vraiment digne du personnage qu'elle est appelée à commenter au point de vue musical.

Cette mélodie si simple, mais si frappante qu'on ne peut l'oublier dès qu'on l'a entendue dans le prologue où elle fait sa première apparition, n'atteint son complet développement qu'au cours du dernier Chant, mais elle devient alors **si** sublimement inspirée qu'on croirait, à l'entendre se dérouler ainsi qu'on voit monter les volutes de la fumée d'encens sous les voûtes d'une cathédrale, assister réellement à la radieuse ascension des bienheureux vers la demeure céleste.

Faire une analyse détaillée de cette épopée musicale dépasserait le cadre de ce chapitre sans grand profit pour le lecteur, mon rôle doit donc se borner à signaler aux musiciens de bonne volonté qui voudront entreprendre eux-mêmes une étude de la partition, les points saillants comme aussi les assises cachées de l'œuvre.

Le Prologue, exposé par un ténor récitant, n'est que la présentation simple, par les timbres instrumentaux, de la phrase qui personnifie le Christ charitable et consolateur ; le Christ y est pressenti, mais ne prend point encore la parole.

Ici, la phrase n'est pas affirmative comme elle le deviendra plus tard, mais au contraire mystérieusement hésitante en ses expressives syncopes :

Le premier Chant : *Bienheureux les pauvres d'esprit, parce que le royaume des Cieux est à eux*, est évidemment la partie la moins bonne de l'œuvre. Le chœur voulant exprimer le double sentiment des « jouisseurs » et des « désabusés », bien que le second aspect qui varie le premier soit déjà plus près de la *mélodie-Franck*, est vraiment un chœur d'opéra meyerbéerien qu'une strette vulgaire vient encore aggraver. Mais, aussitôt que ce morceau théâtral a pris fin, la Voix du Christ, pour la première fois, se fait entendre ; et c'est une longue phrase mélodique, indépendante du thème de Charité, qui s'impose par sa noblesse et que le chœur céleste redit ensuite en l'amplifiant encore.

Il est à remarquer que cette première *Béatitude* est bâtie exactement de la même manière que la première partie de *Rédemption ;* le chœur initial est en *la mineur* et présente plus d'un point commun avec celui de *Rédemption ;* de plus, ainsi que dans cette dernière œuvre, l'accès aux régions célestes se fait au moyen du ton de *fa dièze majeur* qui a toujours représenté pour Franck la lumière paradisiaque.

Je ne sais plus quel critique a émis l'opinion que le maître qui nous occupe, si expert dans l'emploi du *canon*, ne s'était que rarement servi de la fugue dans ses compositions..., or, sans parler des pièces d'orgue et de la célèbre fugue pour piano, les *Béatitudes* viennent donner à ce critique un éclatant démenti. En effet, la deuxième partie de cet oratorio : *Bienheureux ceux qui sont doux parce qu'ils posséderont la terre*, ne peut être considérée que comme une fugue dont l'exposition est parfaitement régulière, avec son *sujet* :

Le ciel est loin La terre est sombre Nul rayon n'y luit;

son *contre-sujet*, ses entrées successives et son développement classique, jusqu'à la venue du quintette consolateur en *ré*, dont la chaude mélodie descend des hauteurs comme un véritable rayon d'espérance ; le chœur, conquis, se mêle aux solistes et complète l'impression par une coulée chromatique d'une exquise tendresse, puis, la Voix du Christ, récitant le texte même de l'Évangile, vient conclure ce bel ensemble.

Le troisième Chant, c'est celui de la douleur : *Bienheureux ceux qui pleurent, car ils seront consolés*. Sur une sorte de glas continu s'expose, en *fa dièse mineur*, le thème principal d'un *andante* en cinq parties, d'allure sombre et tristement concentrée, bien que peut-être encore un peu théâtrale. Les divisions paires, encadrées

entre les trois reprises du thème, sont occupées
par des expressions de douleur plus particulières : c'est la mère pleurant son enfant, c'est
l'orphelin timide, c'est l'époux privé de la douce
tendresse de l'épouse ; plus loin, les esclaves
aspirant à la liberté (et encore ici, le moyen
employé, c'est la fugue) puis, les penseurs et
les philosophes exposant leurs doutes et leurs
vaines découvertes sur le thème même de l'escla-
vage précédemment entendu en *ré mineur*, tandis
qu'il est ici en *ré majeur*, comme si Franck, par
une sorte de naïve ironie, avait entendu assimiler
la philosophie à la servitude. Mais, après un dernier cri de douleur, voilà que tout change subitement ; une fraîche modulation de *fa dièze
mineur* à *mi bémol majeur* amène avec elle le
thème de Charité et, pour la première fois dans
l'ouvrage, la Voix du Christ chante ce thème,
non plus hésitant et entrecoupé comme au prologue, mais affirmatif comme la manifestation
d'amour attendue par les misérables souffrants

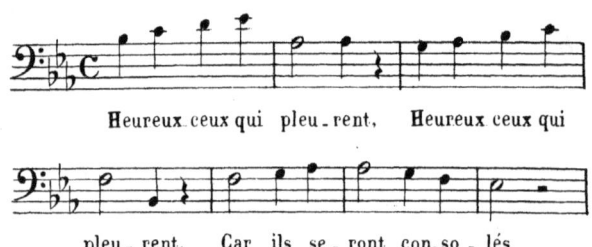

L'ARTISTE ET L'ŒUVRE MUSICAL

Puis la mélodie, naguère douloureuse, se transforme et prend, présentée par le chœur céleste, l'aspect d'un thème de consolation. Bientôt, la mystique brise qui apporta la parole du Christ, se perd au lointain, et tout finit dans le calme et la sérénité.

C'est beau...

Avec la quatrième partie : *Bienheureux ceux qui ont faim et soif de la Justice, parce qu'ils seront rassasiés*, le génie du maître se révèle absolu et sans tache. Ici, nous n'avons plus qu'à admirer.

C'est l'orchestre qui commence à exposer les deux principes qui vont constituer les bases de cette « béatitude », le principe de désir :

et le principe de la guerre :

dont la mélodie, suivant une marche ascensionnelle, se développe conjointement avec la première pour s'établir définitivement dans la tonalité de *sol majeur*. Alors, sur la médiante du ton, mais, dans le sentiment du *si mineur* initial, une voix de ténor affirme en paroles ce que l'orchestre vient d'esquisser en sonorités ; la phrase — une *vraie* phrase mélodique, celle-là — s'allonge, s'échauffe, et, arrivée au paroxysme de l'enthousiasme, éclate en *si majeur* (tonalité prédestinée) sur le thème d'imploration. Dès lors, le désir est apaisé, seul persiste le sentiment de confiance, et la Voix du Christ, combinée avec ce thème de prière exaucée, vient sanctionner son antique promesse : « Demandez et vous recevrez », en un épanouissement longtemps attendu de la tonalité de *si majeur*.

La cinquième partie : *Bienheureux les miséricordieux car ils obtiendront miséricorde*, nous montre, comme dans *Rédemption*, l'envahissement de l'humanité par la violence et par le crime. — Le Christ a détourné sa face de la terre impie, et, par un artifice qui n'eût point déplu aux mystiques sculpteurs des cathédrales gothiques, Franck expose le thème de Charité, mais *renversé* et prenant, de ce fait, un aspect particulièrement souffrant et douloureux :

Après que le ténor récitant a exposé la situation, un chœur de révoltés avides de vengeance éclate en un bouillonnement factice et quelque peu théâtral que ne vient pas anoblir une strette écrite selon les us de l'opéra de la période judaïque. On pourrait croire, si cela n'eût pas répugné au caractère de Franck, toujours sincère même dans ses erreurs, on pourrait croire, dis-je, que ce chœur d'un art inférieur fut placé là à dessein pour servir de repoussoir et faire ressortir les beautés qui suivent, mais le soupçon d'un pareil calcul ne peut même effleurer l'âme du maître, et s'il n'a point réussi à exprimer autrement que d'une façon banale et par des sortes de lieux communs, le désir de la vengeance, c'est que ce désir fut, toute sa vie, tellement éloigné de son cœur qu'il ne put jamais parvenir à l'y introduire, même imaginativement et dans le but d'une expression musicale... Mais après ce brouhaha, le calme reparaît ; la Voix du Christ vient stigmatiser l'inféconde haine et, sur les mots : « Pardonnez à vos frères », un rayon de soleil perce le nuage : c'est le thème de Charité qui apporte la lumière en amenant le ton de *ré majeur*, celui qui clôturera l'œuvre, et le chœur céleste achève de paraphraser ce lever d'aurore en une phrase d'une ineffable douceur, parente, mais à un degré d'art bien supé-

rieur, des mélodies angéliques de *Rédemption*.
Le sixième Chant est celui de la pureté : *Bienheureux ceux qui ont le cœur pur, car ils verront Dieu*, et là, la belle âme de Franck nage dans son élément. Je ne crois pas que, mis à part quelques courts passages de plus faible intérêt, un esprit doué du sens artistique puisse s'empêcher d'éprouver pour ce sixième chant une admiration continue et qui ne fera qu'augmenter jusqu'à la dernière mesure.

Les femmes païennes et juives pleurent leurs dieux absents en une douce plainte dont les deux thèmes se mêlent et se combinent facilement malgré la double tonalité de *si bémol mineur* et de *ré bémol majeur*; un quatuor de Pharisiens, peut-être un peu trop emphatique et assez semblable, comme esprit, au Dialogue du pharisien et du publicain d'Heinrich Schütz, commence à proférer ses vaines affirmations, mais fait heureusement bientôt place à un court récit de l'Ange de la Mort, appelant hypocrites et sincères devant l'égalitaire tribunal de Dieu.

Les portes du ciel sont ouvertes et, dans la scintillante clarté du ton de *fa dièze majeur*, un vol d'anges expose l'adorable mélodie où le *cœur pur* du « père Franck » s'exprime tout entier. L'exquise cadence qui termine cet ensemble :

Pour vous s'ou-vri - ra   le saint lieu

n'est autre qu'un développement du thème de Charité, repris aussitôt par la voix du Christ sur le texte même de l'Évangile. Après de courts commentaires où les parties vocales semblent tresser des guirlandes fleuries comme on en voit dans les paradis des Lippi et des Angelico, le Christ fait entendre une seconde fois la consolante parole, mais dans le ton décisif de *ré majeur*, celui de la gloire finale ; puis, par un simple artifice d'exhaussement du *la naturel* au *la dièze*, la tonalité du *fa dièze majeur* reprend sa place et le chœur achève son chant dans la pleine lumière.

Je ne crois pas que ce beau monument d'artistique pureté puisse jamais subir les atteintes de la caducité. C'est une adorable merveille.

Il était difficile de se maintenir à une telle hauteur, aussi, avec la septième partie : *Bienheureux les pacifiques parce qu'ils seront appelés enfants de Dieu*, retombons-nous sur la terre... et même plus bas, puisqu'un Satan quelque peu conventionnel tente de nous entraîner jusqu'en enfer.

Cette personnification du *mal idéal* (s'il est permis d'accoler ces deux termes) était une conception si étrangère à l'esprit de Franck qu'il ne put jamais réussir à l'exprimer complètement... Je me souviendrai toujours de ses efforts pour se donner un air terrible, de ses froncements de sourcils, des contorsions de sa bouche et des bizarres éclats de voix qui éveillaient en nous plutôt le sourire que l'effroi, alors qu'il nous chantait :

C'est moi l'esprit du mal qui suis roi de la ter-re

Pauvre maître ! Sa bonne foi était entière, il croyait sincèrement être « l'esprit du mal », lui qui n'avait jamais vécu et agi que pour le *bien !* Alors, incapable de trouver en lui-même de quoi exprimer ce qu'il ne pouvait sentir que superficiellement, il emprunte le style des pires éclectiques, et ici, bien plus encore que dans la première et dans la cinquième partie, il fait du Meyerbeer ; la strette :

> Il se lève enfin, notre jour,
> Le jour de la vengeance !

ne serait pas déplacée dans quelque nouveau *Robert le Diable.*

Enfin le Christ arrive, abat Satan, et son récit procure à l'auditeur une délicieuse impression de fraîcheur, due à la sérénité du ton de *si bémol majeur* après les déchaînements en tonalités mineures qui précèdent. Cette teinte suave de *si bémol majeur* reparaît de nouveau, et d'une manière très heureuse, dans le beau quintette en *ré bémol* qui termine cette partie ; c'est sur les mots : « l'œuvre du Seigneur » qu'elle s'établit définitivement, comme antithèse tonale à l'*ut mineur* du prince des ténèbres.

Je tiens ici à faire remarquer une dernière fois ce que j'ai déjà avancé en plusieurs endroits de cette étude au sujet de la succession beethovénienne que, presque seul à son époque, Franck sut recueillir et faire fructifier. Autant, plus peut-être que dans d'autres œuvres, il emploie dans les *Béatitudes* les moyens fournis par la fugue et la variation ; la fugue, nous la trouvons dans la deuxième partie et dans tout le développement de la troisième, sans compter d'autres passages moins saillants ; quant à la haute variation, elle se fait jour à chaque pas au cours de l'ouvrage : variation, le thème de Charité sous ses différents aspects ; variation, la première partie presque tout entière ; variation, l'angélique idéalisation d'un thème de souffrance humaine comme celui du troisième Chant. Ce système de variation provient bien directement de celui des *derniers quatuors* et n'a rien de commun avec le *leitmotiv* wagnérien lequel consiste, non en une transformation, mais en un développement thématique qui trouve sa parfaite application dans le drame, mais ne serait point de mise en une œuvre pensée presque symphoniquement comme le poème musical de Franck.

Nous voici arrivés au couronnement de l'œuvre, à cette huitième *Béatitude* qui, résumant toutes les autres, est aussi un monument presque exceptionnel dans l'histoire de la Musique. On dirait que le « père Franck », comme pressentant une ère de persécutions et devenant, lui aussi, le *vates* des anciennes épopées, ait voulu, par ce chef-d'œuvre, laisser après lui un baume consolateur à ceux qui souffriront pour la Justice et les obliger à regarder en haut, vers le lieu où règnent éternellement la paix et la vérité.

Bienheureux ceux qui souffrent persécution pour la Justice, car le Royaume du ciel est à eux!

Satan a reparu, l'Esprit du mal, arrogant mais rongé d'inquiétude, veut démontrer au Christ l'inanité de la victoire remportée par l'Amour; et là, il est admirable, car le personnage est devenu presque humain… Ce n'est plus le diable de théâtre, revêtu de conventionnels oripeaux, c'est l'homme dont l'orgueil a souffert de sa défaite et qui crache sa haine aux pieds du trône de son vainqueur. Ce sentiment qui n'est plus une généralité, une abstraction, mais un élan *expressif*, Franck saura le rendre en un superbe défi.

Mais Celui que Satan a défié dédaigne de répondre... et ce sont les justes, persécutés mais confiants en la Justice future, dont les voix viennent chanter la douceur de mourir en proclamant l'unique Vérité. L'antithèse entre la tonalité de *mi majeur* en laquelle se déploie l'admirable mélodie, et les teintes sombres affectées au défi de Satan, est tout à fait frappante.

L'Esprit de haine apostrophe alors ces humains qui le bravent, il les voue aux plus affreux supplices, et les justes, toujours calmes malgré ces menaces, invoquent l'éternité avec une confiance toujours plus haute. Satan, troublé, les abreuve des pires injures, et, de nouveau, le chœur s'élève en une troisième invocation un peu plus angoissée tout d'abord... mais bientôt, la tranquillité reparaît sans mélange et une adorable modulation, ramenant le ton de *mi majeur*, souligne ce retour à l'immuable foi.

Tout s'assombrit de nouveau, mais dans les teintes douces de *fa mineur*, et la Vierge vient, par un sublime arioso digne de ceux des Passions de Bach, symboliser en elle l'esprit de Sacrifice ; sur les paroles de la divine offrande s'établit, pour la première fois dans la partition, le ton de *fa majeur*.

Satan s'efface, impuissant, et regagne les ténèbres extérieures, et le Christ victorieux plane au-dessus du monde, appelant à lui toute la foule des justes et des élus :

> Venez, les bénis de mon Père,
> Venez à moi !

C'est alors que la tonalité définitive de *ré majeur*, déjà souvent présentée épisodiquement, descend sur l'humanité régénérée comme une lumière nouvelle, et la divine Voix entonne enfin le cantique attendu de la salvation par l'Amour. Le thème de Charité, maintes fois amorcé, pour ainsi dire, en bien des phases diverses, se fait alors mélodie complète et l'orchestre le reprend, plus solennellement encore, pendant que les chœurs, terrestres et célestes, modulent de longs et calmes *hosannas !*

Dans toute cette sublime péroraison, pas une mesure indifférente, pas une note qui ne soit à sa vraie place, pas une modulation qui ne se trouve expliquée et motivée par la situation dramatique.

Cela est de l'art véritable dont les siècles n'altéreront point la resplendissante beauté.

En résumé, cette œuvre des *Béatitudes* offre

la marque qui scelle magnifiquement toutes les manifestations puissantes et durables du génie humain : la progression ascendante d'un ensemble harmonieux, et, en dépit des quelques défauts que j'ai, peut-être par scrupule d'historien, trop fortement soulignés, cette épopée musicale est, certes, l'œuvre la plus grande qui ait pris place depuis fort longtemps dans l'histoire de la Musique, ainsi que l'a constaté naguère un critique de bonne foi[1] :

« Cette composition n'est pas seulement une
« des plus vastes qu'on ait écrites depuis Bee-
« thoven, elle me semble l'emporter sur toutes
« les autres de ce temps-ci. J'en sais peut-être
« de plus parfaites, je n'en connais aucune ins-
« pirée de plus haut et soutenue d'un tel souffle...
« — Ici, le sublime rayonne et, chose mer-
« veilleuse, sans aucun secours étranger, mais
« par la force d'un sentiment unique, par la
« seule effusion religieuse. »

Oui, Maître vénéré, vous avez « bien fait », comme l'a dit Emmanuel Chabrier sur votre tombe entr'ouverte, et nul ne peut douter que la Justice éternelle ne vous ait admis à goûter en l'autre vie la *béatitude* dont, en celle-ci, vous avez si dignement célébré les splendeurs.

1. René de Récy, *La Revue bleue*, 1894.

L'ÉDUCATEUR
ET L'ŒUVRE HUMAIN

I

LE « PÈRE FRANCK »

Pour enseigner un art avec fruit, il est nécessaire de connaître le *métier* d'abord, l'*art* ensuite et enfin l'*élève* que l'on s'est chargé d'initier à cet art.

Il semble que ce soit un lieu commun d'énoncer qu'un maître enseignant doive être lui-même instruit de son métier et de son art (deux matières d'enseignement très distinctes, bien qu'on les confonde souvent), mais, dans l'application, cette assertion n'a rien d'extraordinaire, car, tant en Allemagne qu'en France (l'Italie n'étant pas à considérer à ce point de vue) il y a, dans tous les établissements d'instruction musicale un bien petit nombre de professeurs de composition sachant enseigner l'*art*, parce que — il faut bien l'avouer — ils ne le connaissent guère et ne l'exercent qu'empiriquement.

Il y avait même, de mon temps, au Conservatoire de Paris, quelques professeurs de composition qui ne savaient pas très bien leur *métier* et qui étaient, en conséquence, parfaitement inaptes à le montrer aux autres.

Quant à ce qui est de la connaissance de l'élève, tout notre système d'enseignement français étant basé, bien à faux, sur le nivellement des esprits, il ne peut rien y avoir d'étonnant que nos professeurs d'art, agissant en conformité avec les principes adoptés d'autre part, ne se préoccupent que de verser en de jeunes intelligences parfois fort différentes, une matière d'art identiquement banale, sans se douter que tel aliment, bon ou au moins inoffensif pour quelques-uns, sera au contraire pernicieux pour d'autres et exige, vis-à-vis de ceux-ci, un correctif ou une explication ; que tel précepte, nécessaire aux esprits bornés, deviendra pour les élèves supérieurs un intolérable supplice qui pourra même être cause d'un affranchissement dangereux ou au moins prématuré.

Je crois qu'il est inutile de redire ici quelle habileté César Franck avait acquise dans l'exercice de son métier et de quelle maîtrise il savait faire preuve en son art, mais il est important de constater l'une des plus précieuses qualités de son enseignement, cette connaissance de l'élève qui faisait défaut à presque tous les autres maîtres de composition de son temps.

Se rendit-il bien compte lui-même de l'existence, chez lui, de cette dernière faculté? Il est permis d'en douter, et l'on pourrait avancer que Franck, philosophe sans le savoir, faisait, presque malgré lui (j'en expliquerai tout à l'heure la raison), la psychologie de ses disciples et savait ainsi donner à chacun d'eux la direction et la matière artistique qui convenaient à son tempérament. Il excellait à pénétrer dans la pensée de l'élève et à s'en emparer, tout en respectant scrupuleusement les aptitudes de chacun ; c'est pourquoi il est remarquable que les musiciens formés à son école, qui, tous, sont pourvus d'une science solide, ont cependant conservé en leurs productions un aspect différent et personnel.

Le secret de cette éducation essentiellement large, c'est que Franck ne professait pas au moyen de règles strictes, de sèches et factices théories, mais que tout, dans son enseignement, procédait d'un sentiment plus puissant que toutes les règles : l'amour.

Franck aimait son art, nous l'avons vu, avec une ardeur passionnée et exclusive, et précisément en raison de cet amour, il aimait aussi l'élève destiné à devenir dépositaire de cet art révéré sur toutes choses, c'est pourquoi il savait, sans même le chercher, trouver le cœur de ses disciples et se l'attacher à jamais.

César Franck fut, en effet, pour toute la génération qui eut le bonheur de se nourrir de ses sains et solides principes, non point seulement un éducateur clairvoyant et sûr, mais un *père*, — et je ne crains pas de me servir de ce mot pour caractériser celui qui donna le jour à l'école symphonique française, car, nous tous, ses élèves, aussi bien que les artistes qui l'ont approché, nous l'avons toujours, et d'un accord unanime quoique non concerté, nommé instinctivement : *le père Franck*.

Tandis que les professeurs des Conservatoires, (et spécialement de celui de Paris où l'on ne s'applique guère qu'à produire des *premiers prix*) obtiennent généralement pour résultat de faire de leurs élèves des rivaux — qui deviennent souvent par la suite des ennemis — le « père Franck », lui, ne s'ingéniait qu'à faire des artistes vraiment dignes de ce beau et libre nom ; une telle atmosphère d'amour rayonnait autour de cette pure figure que ses élèves, non seulement l'aimaient comme un père, mais encore s'aimaient les uns et les autres en lui et par lui, et, depuis quinze ans que le bon maître n'est plus là, sa bienfaisante influence n'a cessé de se perpétuer, en sorte que ses disciples sont restés intimement unis sans qu'aucun nuage soit venu altérer leurs amicales relations.

Mais aussi, quel admirable professeur de composition! — Quelle sincérité, quelle conscience dans l'examen des esquisses que nous lui présentions! Impitoyable pour les vices de construction, il savait, sans un instant d'incertitude mettre le doigt sur la plaie, et lorsque, au cours de la correction, il en arrivait aux passages que nous considérions nous-mêmes comme douteux, bien que nous n'eussions eu garde de le prévenir, instantanément sa large bouche devenait sérieuse, son front se plissait, son attitude exprimait la souffrance...; après avoir joué deux ou trois fois au piano le passage malencontreux, il levait alors son regard sur nous et laissait échapper le fatal : « Je n'aime pas! » — Mais quand par hasard nous avions trouvé en nos balbutiements d'art quelque modulation neuve et logiquement amenée, quelque essai de forme pouvant présenter un certain intérêt, alors, satisfait et souriant, il se penchait vers nous en murmurant : « J'aime! j'aime! », et il était aussi heureux de nous donner cette marque d'approbation que nous nous sentions fiers de l'avoir méritée.

Mais qu'on ne croie pas que ce fût par vanité ou présomption que le maître rapportât ses jugements à ses propres sentiments de sympathie ou d'antipathie ; bien loin de sa pensée l'arrogante affirmation du *critique d'art* déclarant sentencieusement après une seule audition — parfois distraite — : « Telle œuvre est sublime, telle autre est ratée... » ; le père Franck ne savait point juger avec une pareille désinvolture, il écoutait, relisait, plaidait le pour et le contre et ne formulait son opinion que lorsque, s'étant attentivement scruté lui-même, il était sûr d'être en communication intérieure avec la Beauté et de parler au nom de la Vérité non relative mais absolue.

Car — nous ne le savons que trop, nous, hommes de la fin du xixe siècle — ce n'est point par la haine que la Vérité peut se manifester jamais, et tous les monstrueux : « *J'accuse* » sont et resteront impuissants auprès du simple : « *J'aime* » du père Franck.

« Aimer, sortir de l'égoïsme, de soi-même,
« en s'aimant en quelque chose de très supérieur,
« de très inconnu peut-être, mais à l'existence
« de quoi l'on continue à croire, de quelque nom
« qu'on le nomme : voilà bien le fond et l'es-
« sence de la vraie méthode, celle que Platon
« recommandait aux dévots de la Vénus céleste,

« celle que Bossuet enseignait aux chrétiens
« comme la voix de la perfection morale. —
« C'est la méthode de tous les grands artistes ;
« ce fut celle de César Franck. En elle il se
« rencontrait pratiquement avec les maîtres qui
« ont le mieux décrit l'ascension de l'âme vers
« Dieu[1]. »

Je voudrais maintenant faire pénétrer plus intimement le lecteur en cette méthode intuitive d'enseignement et montrer combien elle différait des façons de faire employées par la plupart des professeurs de Conservatoires.

La première des conditions que posait Franck à l'élève était non de travailler *beaucoup*, mais de travailler *bien*, où plutôt, et pour parler plus juste, de ne pas lui apporter une grande quantité de besogne, mais seulement du travail extrêmement soigné.

Le disciple retire de cela un précieux avantage en ce qu'il s'habitue, dès les études préliminaires, à ne rien négliger et à fournir une tâche plus intelligente que routinière ; c'est ce que beaucoup de jeunes gens élevés dans les écoles plus ou moins officielles ne savent point comprendre ; habitués dès l'enfance à présenter des *devoirs* à un professeur, ils ne peuvent imaginer

---

1. G. Derepas, *César Franck*.

que le *devoir*, en Art, n'existe pas. — Il n'y a pas plus de devoir de composition musicale que de peinture ou d'architecture, tout ce que l'on produit dans la ligne de l'art doit être, non un *pensum* journalier, mais le résultat d'une souffrance dans laquelle le jeune artiste a laissé un peu de son cœur, et à l'expression de laquelle il emploie toutes ses facultés intellectuelles. Le système de faire produire beaucoup à l'élève sous prétexte de lui « faire la main » est donc fort médiocre pour la plupart des élèves, car il les habitue à écrire n'importe quoi et à se contenter de tout ce qui tombe de leur plume pourvu que le résultat soit copieux ; en travaillant de cette façon, ils ne se doutent jamais du rôle primordial joué par cette portion de la faculté intelligence qu'on appelle le *goût* et qui est appelé à déterminer le choix des matériaux à employer ainsi que leur bonne ordonnance, et c'est à cette erreur que l'on doit attribuer la production de ces œuvres aussi compendieusement pensées qu'inutiles à l'art, qui sévissent tant sur les scènes lyriques que dans les salles de concert de France, d'Allemagne et d'Italie.

« Écrivez peu, mais que ce soit *très bien*, » nous disait le père Franck, et la force de son école a été de ne point se départir de ce précepte.

Lorsqu'on avait terminé avec lui l'étude du contrepoint, qu'il voulait toujours intelligent et mélodique, et celle de la fugue dans laquelle il engageait l'élève à rechercher l'*expression* plutôt que la combinaison, il nous initiait alors aux mystères de la composition, entièrement basée, d'après lui, sur la construction tonale.

Aucun art, en effet, n'a plus de rapport avec la musique que celui de la construction : l'architecture. Pour élever un édifice, il est tout d'abord nécessaire que les matériaux soient de bonne qualité et choisis avec discernement, de même, le compositeur doit se montrer très difficile sur le choix de ses *idées* musicales, s'il veut faire une œuvre durable. Mais il n'est pas suffisant, en construction, d'avoir de beaux matériaux, encore faut-il savoir les disposer de façon qu'ils puissent, par leur cohésion, former un tout puissant et harmonieux; des pierres, si attentivement ciselées soient-elles, ne constitueront jamais un monument si elles sont simplement juxtaposées sans ordre; des phrases musicales, si belles qu'elles puissent être, ne constitueront point une œuvre de musique si leur place et leur enchaînement ne sont réglés par une sûre et logique ordonnance ; à ce prix seulement le monument existera et, si les éléments en sont beaux et l'ordre synthétique harmonieusement combiné, l'œuvre sera solide et durable.

La composition musicale n'est point autre chose. — C'est ce que Franck, et lui seul à cette époque, savait admirablement faire comprendre à ses disciples. Dans la pratique, il tenait essentiellement à la forme, tout en laissant liberté entière pour appliquer celle-ci. En effet, en vertu de cette disposition dont j'ai parlé plus haut, à chercher dans chaque disciple la qualité particulière qui se prêtait le mieux à être cultivée au bénéfice de l'art, son enseignement était d'un extrême libéralisme, car, tout en respectant plus que personne les hautes lois de notre art, lois de nature, lois de tradition, il savait en faire l'application d'une manière intelligente en les conciliant avec le droit d'initiative individuelle qu'il laissait toujours à ses élèves.

Autant les vices de forme, les malfaçons de construction qui attaquent le monument d'art dans ses forces vives, étaient sévèrement relevés par lui, autant il se montrait indulgent pour les fautes de détail ou les manquements aux doctrines conventionnelles édictées par les Écoles ; et même, si le manquement en question lui paraissait bien présenté, il nous disait, en souriant avec une bonhomie plus charitable qu'ironique : « Au Conservatoire, on ne

« permet pas cela..., mais moi, je l'aime bien. » Cependant, sa hardiesse à admettre tout ce qui lui semblait *bien* n'était pas aveugle ; lorsque, après minutieux examen, il ne croyait pas, en conscience, pouvoir approuver un passage litigieux, il se gardait bien de dire seulement à l'élève : « C'est mal, vous me referez cela », comme font presque tous les professeurs, mais il cherchait avec l'élève la raison pour laquelle « c'était mal », et il l'expliquait si clairement qu'on ne pouvait pas ne pas être convaincu.

Ainsi, l'une des plus précieuses particularités de la leçon de Franck, c'était la démonstration par l'exemple ; étions-nous embarrassés dans l'ordonnance d'une construction, embourbés dans la marche d'un morceau de musique, le maître allait aussitôt prendre dans sa bibliothèque telle œuvre de Bach, de Beethoven, de Schumann, de Wagner : « Voyez, nous disait-
« il, Beethoven (ou tel autre) s'est trouvé ici
« dans la même situation que vous..., remarquez
« la façon dont il s'en est tiré ; lisez tels pas-
« sages et inspirez-vous-en pour corriger votre
« pièce, mais surtout n'imitez pas et trouvez
« une solution qui soit bien de vous. »

Qu'on veuille me permettre, à ce propos, de relater ici une anecdote qui m'est, il est vrai, personnelle, puisqu'elle se rapporte à la façon dont je devins élève du père Franck, mais qui pourra donner l'idée de son attirante franchise.

Après avoir terminé mon cours d'harmonie et aligné quelques pénibles contrepoints, je me figurais être assez instruit pour pouvoir écrire et, ayant à grand'peine couché sur du papier à musique un informe quatuor pour piano et instruments à cordes, je demandai à Franck, auquel mon ami Duparc m'avait présenté quelque temps auparavant, un rendez-vous qu'il ne me fit point attendre.

Lorsque j'eus exécuté devant lui un mouvement de mon quatuor (que je pensais bénévolement être de nature à m'attirer ses félicitations), il resta un moment silencieux, puis, se tournant vers moi d'un air triste il me dit ces paroles que je n'ai pu oublier, car elles eurent une action décisive sur ma vie : « Il y a de bonnes
« choses, de l'entrain, un certain instinct du
« dialogue des parties..., les idées ne seraient
« pas mauvaises..., mais... ce n'est pas suffisant,
« ce n'est pas fait... et, en somme, *vous ne savez*
« *rien du tout !* » — Puis, me voyant très mortifié de ce jugement auquel je ne m'attendais guère, il entreprit de m'en expliquer les raisons et termina en me disant : « Revenez me voir ; si
« vous voulez que nous travaillions ensemble,
« je pourrai vous apprendre la composition... »

En retournant chez moi dans la nuit (cette entrevue avait eu lieu un soir, fort tard), révolté contre cet arrêt sévère, mais inquiet, au fond, je me disais, en ma vanité blessée, que Franck devait être un arriéré, ne comprenant rien à l'art jeune et en avant... Néanmoins, plus calme le lendemain, je repris mon malheureux quatuor et me rappelai une à une les observations que le maître m'avait faites en soulignant, selon son habitude, ses paroles de multiples arabesques au crayon sur le manuscrit, et je fus forcé de convenir avec moi-même qu'il avait absolument raison : je ne savais rien... J'allai donc lui demander, presque en tremblant, de vouloir bien m'accepter comme élève et il m'admit à la classe d'orgue du Conservatoire dont il venait d'être nommé professeur.

Cette classe d'orgue, dont je conserve toujours un souvenir ému, fut, pendant longtemps, le véritable centre des études de composition du Conservatoire. A cette époque (je parle des lointaines années 1872 et suivantes) les trois cours de *haute composition musicale* étaient faits par Victor Massé, compositeur d'opéras-comiques, n'ayant aucune notion de symphonie et qui, de plus, constamment malade, se faisait remplacer dans ses fonctions par un de ses élèves ; puis venaient Henri Reber, musicien vieillot au jugement étroit et arriéré, enfin François Bazin qui, lui, ne se doutait pas de ce que pouvait bien être la composition musicale. Il n'est donc pas étonnant que le haut enseignement de César Franck fondé sur Bach et Beethoven, mais admettant tous les élans, toutes les aspirations nouvelles et généreuses, ait, dès cette époque, attiré à lui les jeunes esprits doués d'idées élevées et véritablement épris de leur art. Et c'est ainsi que, sans même s'en douter, le maître draina, pour ainsi dire, toutes les forces sincèrement artistiques qui se trouvaient éparses dans les diverses classes du Conservatoire, sans parler des élèves du dehors qui allaient prendre la leçon dans son tranquille salon du boulevard Saint-Michel dont les hautes fenêtres donnaient, chose rare à Paris, sur un jardin plein d'ombre. C'était là que nous nous rendions une fois par semaine, car le père Franck, non content de nous instruire à sa classe d'orgue, dans la science du contrepoint, de la fugue et de l'improvisation, faisait venir chez lui ceux de ses élèves qui lui paraissaient mériter un enseignement particulier, et cela, d'une façon absolument désintéressée, ce qui n'est pas, d'ordinaire, le fait des professeurs des établissements officiels dans lesquels l'instruction gratuite, inscrite au règlement, est bien loin, hélas, d'être une réalité!

L'affection de Franck pour ses disciples était telle qu'il ne négligeait aucune occasion de la leur témoigner et même de les informer de ce qu'il pensait devoir les intéresser. Lorsque, le soir, après les fatigues de la journée, il avait congédié ceux d'entre nous qu'il avait coutume de recevoir à la veillée, il se mettait souvent à sa table, non pour composer ou orchestrer, mais pour écrire, parfois très longuement, à ses élèves de province, rédigeant avec grand soin, pour leur usage, instructions et conseils.

Je ne puis m'empêcher de citer ici une preuve de cette affection, bien qu'elle me soit toute personnelle.

Appelé à Anvers, à l'occasion d'une exposition universelle, en l'été de 1885, afin de diriger quelques-unes de ses œuvres dans un concert-festival au programme duquel figurait une toute petite composition de son élève, il trouve, malgré ses occupations, le moyen d'écrire à celui-ci le billet ci-dessous, dans lequel il parle beaucoup plus des autres que de lui-même :

« Anvers, vendredi 14 août.

Mon cher Vincent,

« Merci mille fois de votre bonne et affectueuse lettre, inutile de vous dire que c'est une de celles qui m'ont fait le plus plaisir [1].

---

[1]. Il venait d'être nommé chevalier de la Légion d'honneur.

« Je vous écrirai plus longuement une autre fois, mais je veux vous dire que nous avons eu un concert ici, dans lequel on a exécuté votre Chevauchée du Cid *parfaitement*, elle a obtenu un grand succès. C'est Fontaine qui chantait le solo. Vous étiez en compagnie de votre maître dont on a exécuté la marche et les ballets d'*Hulda*, tout a été applaudi chaleureusement.

« Il faut que je vous quitte, mon cher Vincent ; je vous serre la main affectueusement et vous charge de mes meilleurs souvenirs pour votre chère femme.

« Un baiser à vos charmants enfants.

« Duparc est *établi* près de Pau, il a *acheté* une propriété !

« Votre vieil ami,

« César Franck. »

En dépit de cette affabilité naturelle, Franck était tenu en suspicion par la plupart des musiciens de son temps, et comme, malgré sa modestie, il ne sut jamais ramper à plat ventre devant les puissants du jour, pas plus qu'il ne voulut se conformer platement aux règles sacro-saintes de la convention conservatorienne quand celles-ci lui paraissaient devoir être transgressées, il fut, durant toute sa carrière, en butte à l'envie et même à la haine de beaucoup de ses collègues qui ne pouvaient évidemment le comprendre, leur esprit étant, sur toutes choses, à l'antipode du sien.

Cette haine — ce qui est plus grave — rejaillit parfois sur ses élèves et je sais tels concours où des prix furent refusés aux plus méritants, uniquement pour faire pièce au professeur... Le lendemain, le bon père Franck, qui ne pouvait nulle part soupçonner l'injustice, bien loin d'incriminer les membres du jury, mais un peu étonné tout de même, recherchait naïvement avec nous les fautes qui auraient pu motiver pareil jugement...

Il n'entre pas dans mon sujet de gloser sur la culture des élèves de composition du Conservatoire à cette époque, culture qui était un peu, il faut bien l'avouer, le fait de leurs professeurs ; qu'il me suffise de dire que, radicalement ignorants de toute la musique des XVIe et XVIIe siècles, voire même d'une grande partie de celle du XVIIIe, ils regardaient généralement Bach comme un gêneur... et l'écriture de Gluck était l'objet de leurs plus spirituels quolibets. On trouvait des *quintes* dans Armide, et, *proh pudor !* on assurait en avoir également déniché dans une fugue de concours réalisée par Franck lui-même !... A l'heure présente, le Conservatoire est bien changé et tout élève compositeur s'y croirait déshonoré, s'il n'agrémentait pas ses essais d'une multitude, plus ou moins discernée, de quintes directes... ; autres temps, autres quintes. Au moment dont je parle, la *Carmen* de Bizet, qui venait d'être représentée, ne trouvait pas grâce devant les mêmes juges, et je sais des élèves des classes de composition d'alors qui incriminaient cette partition de wagnérisme outrancier, tandis que d'autres se voilaient la face devant un aussi grossier sujet, criant très haut au scandale...; tels autres, enfin, se refusaient délibérément à lire de la musique, fût-ce des chefs-d'œuvre, de peur, disaient-ils, « d'altérer leur personnalité » !

Tout cela, le père Franck ne le comprenait pas, et, malgré l'école et ses errements conventionnels, il s'obstinait à engager ses disciples à lire beaucoup de belle musique, ancienne ou moderne, et il s'extasiait lui-même comme un jeune homme devant l'absolue beauté des pièces de Bach dont il nous enseignait l'interprétation à l'orgue.

Il n'eût pas compris davantage et eût été, certes, profondément surpris d'entendre proclamer comme une découverte que l'Art doit exprimer la Vie..., comme si l'Art avait jamais fait et jamais pu faire autre chose !... Comme si les fresques de Giotto ou de Gozzoli, les syndics de Rembrandt, le portail d'Amiens, les sonates de Beethoven et les drames de Gluck ne constituaient pas d'admirables « tranches de vie » au même titre que les productions de l'art le plus moderne... j'entends celles qui partent du cœur de l'artiste. Mais, d'après les naïfs partisans du susdit aphorisme, cette expression, « la vie », dispenserait de toute étude préalable ; chacun pourrait naître architecte et édifier un monument sans jamais avoir appris à équilibrer le poids des matériaux, chacun se sentirait capable, en se laissant simplement guider par « l'inspiration », d'écrire d'emblée une symphonie... Voilà qui n'eût jamais pu entrer dans l'esprit du père Franck ; son art, résultat de longues études victorieuses de la souffrance créatrice, est tout entier la contre-partie des théories dont je viens de parler.

Et cependant, combien véritablement vivante d'une vie saine et intense est l'œuvre de César Franck ! combien ardemment il sait exprimer les peines et les joies qu'il observe autour de lui ! comme, non seulement il traduit en sa musique la vie et les sentiments des autres, mais comme il s'y exprime lui-même ! — Que nous importe que les personnages des *Béatitudes* ne se montrent point à nous affublés de vêtements modernes, si nous sommes, nous, hommes modernes, émus jusqu'au fond du cœur par la sublime invocation à la justice éternelle, si nous souffrons nous-mêmes avec les persécutés et si nous voyons transparaître l'âme du maître aimé dans les mélodies qu'il a si tendrement consacrées aux descriptions de la douceur?

Certes, l'art du père Franck fut tout de bonté

et d'absolue sincérité comme son enseignement fut tout entier de charité et d'amour, et c'est pour cela qu'ils dureront, car la Haine et le Doute, ces négations, s'ils ont parfois détruit des choses utiles, n'ont jamais pu rien édifier de stable, seuls l'Amour et la Foi ont pu enfanter et fonder des œuvres immortelles.

II

LA FAMILLE ARTISTIQUE

L'influence de l'admirable maître que fut César Franck ne manqua pas de s'exercer sur les futurs compositeurs qui passèrent quelque temps auprès de lui à la classe d'orgue ; tels, Samuel Rousseau qui fut de longues années son collaborateur à la maîtrise de Sainte-Clotilde, Gabriel Pierné, devenu titulaire du grand orgue de la basilique à la mort de son maître, Auguste Chapuis dont les efforts tendent à faire pénétrer la vraie musique au sein des masses populaires, H. Dallier, A. Dutacq, Georges Marty, le jeune et audacieux *capellmeister* de la vieille Société des Concerts, Galeotti, A. Mahaut, G. Saint-René-Taillandier, Ch. Tournemire et Paul Vidal, l'habile chef d'orchestre de l'Opéra.

L'esprit de Franck ne fut pas étranger non

L'ÉDUCATEUR ET L'ŒUVRE HUMAIN 233

plus au développement musical de quelques-uns de ses collègues du comité de la Société Nationale de Musique, son ami Al. Guilmant, Emmanuel Chabrier qui lui était profondément attaché, Paul Dukas, Gabriel Fauré lui-même, sans compter d'autres artistes plus spécialement adonnés à l'interprétation, tels que Paul Braud, F. de Guarnieri, Armand Parent et le violoniste Ysaye. Mais ce furent surtout les élèves particuliers auxquels il donnait la leçon chez lui, boulevard Saint-Michel, qui contribuèrent à établir, à conserver les hautes traditions de son enseignement et à en prouver l'excellence par leurs œuvres.

Ce titre d'*élève de Franck*, que nous revendiquons comme un honneur, ne fut pas toujours regardé comme un titre de gloire, tant s'en faut. J'ai connu le temps où tel jeune compositeur qui s'était aventuré boulevard Saint-Michel et avait demandé, *pour voir*, quelques conseils au maître, se fût voilé la face si on l'avait questionné sur ses rapports avec l'organiste de Sainte-Clotilde et eût volontiers répondu, comme saint Pierre chez le grand-prêtre : « Je ne connais point cet homme ! »

Et voilà que maintenant, depuis que le maître est entré dans l'immortalité, ses élèves deviennent tout à coup légion, et la plupart des compositeurs qui ont vécu de son temps prétendent avoir bu à la coupe de son sage et fécond enseignement. Point de faiseurs de romances ou d'opéras qui ne se soient, ces dix dernières années, réclamés de lui... malgré que l'aspect de leurs productions ne puisse guère laisser de doute à cet égard.

Il me paraît donc utile d'établir ici une liste véridique des élèves qui ont fait avec Franck leurs études de composition; les ayant tous connus et vus à l'œuvre, il ne m'est pas difficile de faire ce dénombrement que j'établirai, autant que possible, de façon chronologique.

Les premiers en date, qui travaillèrent avec le maître dès avant la guerre de 1870, furent Arthur Coquard, Albert Cahen et Henri Duparc, ce dernier, émule de Schubert et de Schumann dans l'ordre du *lied*. Puis vient Alexis de Castillon, officier de cavalerie, qui, toujours passionné de musique, s'était d'abord adressé à Victor Massé pour faire son éducation artistique ; mais l'auteur des *Noces de Jeannette* n'avait point tardé à rebuter complètement son élève par ses préceptes ridiculement étroits ; celui-ci, découragé, allait abandonner l'étude de la musique, lorsqu'il rencontra Franck qui discerna tout de suite le parti à tirer de cette organisation exceptionnelle. Cette rencontre fut pour

Castillon une révélation, aussi, déchirant toutes ses compositions précédentes, il chiffra : œuvre 1, son Quintette, premier résultat de ses nouvelles études. On sait la belle carrière qui s'ouvrait devant ce compositeur si doué, carrière malheureusement interrompue par la mort alors qu'il avait à peine trente-cinq ans. A partir de 1872, l'école de Franck compte : le signataire de ces lignes, puis Camille Benoît, Augusta Holmès, Ernest Chausson, si prématurément enlevé par une terrible fatalité à l'affection de ses amis, laissant cependant après lui un œuvre musical d'une haute valeur qui semblait encore devoir devenir plus élevé comme portée artistique, les dernières années de sa vie ; Paul de Wailly, Henri Kunkelmann, Pierre de Bréville, le fin et distingué ciseleur qui a hérité de l'entente architecturale de son maître, Louis de Serres, dont Franck estimait particulièrement l'expressive délicatesse, Guy Ropartz, né symphoniste et resté attaché indissolublement aux principes franckistes malgré sa position officielle de directeur du Conservatoire de Nancy, Gaston Vallin, Charles Bordes, le chef des Chanteurs de Saint-Gervais et le courageux promoteur de la restitution de la musique religieuse, enfin, ce pauvre Guillaume Lekeu, tempérament quasi génial, mais mort à vingt-quatre ans avant d'avoir pu se manifester d'une manière complète.

Ceux-là, et ceux-là seuls, ont vraiment connu de près le maître et ont 'pu se pénétrer de sa pensée intime et de ses vivifiants conseils ; ceux-là seuls savent ce qu'était la leçon de composition de César Franck, cette mise en commun de tous les efforts du maître et des disciples vers un but unique : l'Art ; ceux-là seuls ont pu constater la communication quasi surnaturelle qui, de même qu'un courant électrique, régnait constamment entre eux et l'auteur des *Béatitudes*, car, ainsi que le dit justement l'un de ses biographes : « Jamais professeur ne fut moins tyrannique et plus écouté [1]. » Et ceux-là ne sauraient, de toute leur vie, oublier le bien que le maître regretté fit à leurs âmes.

Que pourrais-je ajouter de plus?

J'ai tâché, dans les trois parties de cette étude, de montrer et de faire aimer l'homme comme je l'ai connu et aimé moi-même, de faire admirer le musicien créateur par l'analyse de quelques-unes de ses œuvres les plus hautes, et enfin, de dévoiler le grand maître de composition musicale qui transmit sa force et sa foi à notre pléiade de symphonistes français.

1. G. Derepas. *César Franck*.

Sa bienfaisante influence a persisté au delà de la tombe, car, gardant précieusement le souvenir de ses avis, des élèves et des amis ont fondé une école dans laquelle ils s'enorgueillissent d'instruire de jeunes esprits et de leur apprendre à marcher droit et tête haute dans la saine et unique voie de l'Art, ainsi que le vieux maître le leur avait enseigné à eux-mêmes[1]; et, au sujet de cette influence rayonnante, réchauffant encore ceux qui sont venus longtemps après que le maître des *Béatitudes* eut quitté cette terre, un musicien qui ne fut point de ses élèves directs, mais dont la sincérité en critique égale celle dont il fait preuve dans ses productions, a pu écrire : « J'ai dit quelle grande part on doit
« attribuer à l'influence de Franck sur la direc-
« tion qu'a prise, depuis lui, une partie de la
« musique française contemporaine. Avec celui
« de M. Saint-Saëns et d'Édouard Lalo, son
« nom désigne une époque. Toute l'éclosion de
« musique purement musicale qui l'a suivie
« jusqu'à présent prend en elle son origine, et
« c'est grâce aux traditions qu'elle a fait préva-
« loir, tandis que grandissait l'influence de la
« musique wagnérienne, que la plupart de nos
« musiciens d'aujourd'hui a dû d'être affranchie

---

1. La *Schola Cantorum*, fondée en 1896 par Al. Guilmant, Charles Bordes et Vincent d'Indy.

« du servilisme humiliant que cette influence
« entraînait avec elle. Ils ne sauront conserver
« de cela assez de reconnaissance envers leurs
« aînés et ne pourront mieux la leur témoi-
« gner qu'en répandant toujours davantage les
« grandes traditions qu'ils leur ont conservées
« en leur enseignant qu'elles dépassaient les
« hommes et les succès individuels [1]. »

Et je ne puis mieux terminer, ce me semble, qu'en citant cet hommage rendu publiquement et officiellement à l'artiste de génie qui fut aussi un ferme croyant :

« Et maintenant, le voilà à sa place, dans le
« chœur des génies immortels qui seront nos
« répondants auprès des âges futurs et consti-
« tuent peut-être, après tout, la raison d'être et
« la justification de l'humanité en ce monde [2]. »

1. Paul Dukas. *La Chronique des Arts* 1904 n° 33.
2. Extrait du discours de M. Henry Marcel, directeur des Beaux-Arts, à l'inauguration du monument de César Franck, le 22 octobre 1904.

BIBLIOGRAPHIE

DES OUVRAGES ET DOCUMENTS A CONSULTER

N. B. — Parmi les nombreux articles de journaux ou de revues périodiques traitant de César Franck, nous ne citons ici que ceux qui présentent un intérêt esthétique ou historique, omettant à dessein les simples comptes rendus d'œuvres ou de concerts.

F. BALDENSPERGER. *César Franck. L'Artiste et son œuvre.* Edition du Courrier musical (tirage à part, ou numéro du 15 mai 1901).

CAMILLE BENOIT. *César Franck.* La Revue Bleue, Décembre 1890.

— *César Franck.* Revue et Gazette musicale, *passim.*

CHARLES BORDES. *Le sentiment religieux dans la musique d'église de Franck.* Courrier musical, 1er novembre 1904.

RICCIOTTO CANUDO. *C. Franck e la giovane Scuola musicale francese.* Nuova Antologia (tirage à part). Rome 1905.

ERNEST CHAUSSON. *César Franck.* Le Passant, 1891.

ARTHUR COQUARD. *César Franck. 1822-1890.* Paru en 1890, épuisé. Nouvelle édition publiée au *Monde musical*, 1904.

COURRIER MUSICAL. Numéro du 1er novembre 1904. (Entièrement consacré à Franck.)

VICTOR DEBAY. *César Franck.* Courrier musical, 15 novembre et 1er décembre 1900.

GUSTAVE DEREPAS. *César Franck. Etude sur sa vie, son enseignement, son œuvre.* Fischbacher. 1897.

BIBLIOGRAPHIE

ÉTIENNE DESTRANGES. *L'œuvre lyrique de César Franck*. Fischbacher, 1896.

PAUL DUKAS. *Les Béatitudes*. Revue hebdomadaire. Tome XI, p. 302. 1893.
— *A propos de César Franck*. La Chronique des Arts, n° 33, p. 273. 1904.

A. ELSON. *Modern composers of Europe* (p. 132). Page and Cy. Boston, 1905.

ÉMILE GOUDEAU. *César Franck*. Journal la *France*, 14 novembre 1890.

LOUIS FR. GUILBERT. *César Franck*. L'Enseignement chrétien (tirage à part). Poussielgue. 1905.

HUGUES IMBERT. *Portraits et études*. Fischbacher.

VINCENT D'INDY. *César Franck, le premier des symphonistes français*. The Weekly critical Review, 5 mars 1903.
— *L'œuvre de piano de César Franck*. The Musician. O. Ditson. a. C°. Boston.

PAUL LOCARD. *Les maîtres modernes de l'orgue*. Edition du Courrier musical.

D.-G. MASON. *From Grieg to Brahms* (p. 124-147). Outlook and Cy. New-York, 1904.

C. MAUCLAIR. *Impressions sur Franck*. Courrier musical, 1er novembre 1904.

PHILIPPE MOREAU. *L'âme de Franck*. Monde musical, 30 octobre 1904.

RENÉ DE RÉCY. *César Franck*. La Revue Bleue, *passim*.

HUGO RIEMANN. *Dictionnaire de Musique*, traduction de G. Humbert. Perrin et Cie.

J.-GUY ROPARTZ. *Notations artistiques* (Symphonies modernes, p. 163-190). Lemerre.
— *César Franck*. Revue internationale de musique, 15 juin 1898.
— *Analyse du Quatuor en ré*. Revue internationale de Musique, 1er août 1898.

G. SERVIÈRES. *La musique française moderne*. G. Havard. 1897.

G. Servières. *César Franck*. L'Art, 1ᵉʳ mars 1891.

W. Stumpf. *Les Béatitudes van C. A. Franck*. Van Munster en Zoon. Amsterdam, 1895.

A. Seitz. *Le génie de C. Franck*. Monde musical, 30 octobre 1904.

Souvenir du 22 octobre 1904. Compte rendu de l'inauguration du monument de M. Alfred Lenoir dans le square Sainte-Clotilde, contenant les discours et les noms de tous les souscripteurs.

Ch. Van den Borren. *L'Œuvre dramatique de C. Franck*. Bruxelles, 1907.

TABLE DES MATIÈRES

L'HOMME
Pages.
§ 1. La vie 1
§ 2. L'homme physique. — L'homme moral 37

L'ARTISTE ET L'ŒUVRE MUSICAL

§ 1. La genèse de l'œuvre 47
§ 2. Les prédilections. — Les influences 58
§ 3. La méthode de travail 73
§ 4. Première époque (1841 à 1858) 80
§ 5. Deuxième époque (1858 à 1872) 102
§ 6. Troisième époque (1872 à 1890) 138
§ 7. Le Quatuor en *ré majeur* 163
§ 8. Les trois Chorals pour orgue 179
§ 9. Les Béatitudes 183

L'EDUCATEUR ET L'ŒUVRE HUMAIN

§ 1. Le « père Franck » 213
§ 2. La famille artistique 233

Catalogue des œuvres de César Franck 239
BIBLIOGRAPHIE 251

ÉVREUX, IMPRIMERIE CH. HÉRISSEY. PAUL HÉRISSEY, SUC.r

CATALOGUE

DES

ŒUVRES DE CÉSAR FRANCK

N. B. — Ce catalogue, aussi complet que possible, a été dressé après de longues et minutieuses recherches dans les bibliothèques et les maisons d'édition. A l'exception d'anciens manuscrits restés en possession de M. Georges C. Franck, je ne pense pas que l'on puisse y relever beaucoup d'omissions. J'ai adopté, pour établir ce catalogue, l'ordre chronologique et je n'y admets, bien entendu, que les œuvres sous leur forme *originale*.

N° D'ŒUVRE	DATE de COMPOSITION	TITRES DES ŒUVRES	DÉDICACES	ÉDITION D'ORIGINE	ÉDITION ACTUELLE (1906).	REMARQUES
		PREMIÈRE ÉPOQUE				
1	1841	Trois trios concertans pour piano, violon et violoncelle. . . . . {1ᵉʳ trio, en Fa ♯. 2ᵉ trio, en Si ♭ (trio de salon). 3ᵉ trio en Si ♯.	A S.M. Léopold Iᵉʳ roi des Belges.	Schuberth et Cⁱᵉ.	Schuberth. (Leipzig).	
2	1842	Quatrième trio concertant pour piano, violon et violoncelle	A son ami Fr. Liszt.	Schuberth.	Schuberth.	
3	1842	Eglogue (**Hirtengedicht**) pour piano . .	A Mᵐᵉ la baronne de Chabannes.	Schlesinger		(Épuisé).
4	1842	Duo, à quatre mains, sur le « God save the king » pour piano	A Mˡˡᵉˢ Anna et Emmeline Stratton.	Schlesinger		(Épuisé).
5	1843	Grand caprice, pour piano	A Mᵉ Cordier.	Lemoine.	Lemoine.	
6	1843	Andante quietoso, pour piano et violon.	A M. le comte de Montendre.	Lemoine.	Lemoine.	
7	1843	Souvenir d'Aix-la-Chapelle, pour piano.	A Mˡˡᵉ Cécile Lachambre.	Schuberth.		(Épuisé).
8	1844	Quatre mélodies de Schubert, trans-		F. Chabal	?	

CATALOGUE DES ŒUVRES DE CÉSAR FRANCK

№	Année	Titre	Dédicace	Éditeur	Notes
9		1. La jeune religieuse. 2. La truite. 3. Les plaintes de la jeune fille. 4. La cloche des agonisants.			
10	1844	*Ballade*, pour piano.		?	
11	1844	*Solo de piano*, avec accompagnement de quatuor à cordes.		?	
12	1844	*Première fantaisie sur Gulistan*, de Dalayrac, pour piano.		Richault.	Le manuscrit seul a été conservé.
13	1844	*Deuxième fantaisie sur l'air et le Virelay « Le point du jour » de Gulistan*, de Dalayrac, pour piano.	A Mlle Marguerite Henriette Adour.	Richault. Costallat.	On ne trouve trace de ce morceau nulle part.
14	1844	*Fantaisie*, pour piano.		? Costallat.	Il y a lieu de supposer que cette fantaisie n'a jamais été écrite. On n'en trouve trace nulle part.
15	1844	*Duo pour piano et violon concertans, sur des motifs de Gulistan*, de Dalayrac.	à Mlle Félicité de Cécil de Herck Saint-Lambert.	Richault. Costallat.	
16	1845	*Fantaisie pour piano sur deux airs polonais*.	A S. A. Mme la princesse de Ligne née Lubomirska.	Richault. Costallat.	
	1845	*Trois petits riens*, pour piano. 1. Duettino. 2. Valse. 3. Le Songe.	»	?	

V. D'INDY.

CÉSAR FRANCK

N° D'ŒUVRE	DATE de COMPOSITION	TITRES DES ŒUVRES	DÉDICACES	ÉDITION D'ORIGINE	ÉDITION ACTUELLE (1906).	REMARQUES
17	1846	Duo à quatre mains, pour piano, sur Lucile de Grétry		Pacini-Bonaldi.		(Épuisé).
	vers 1846	Le Sermon sur la montagne, symphonie (Les Béatitudes).				Inédit.
	1843-1846	Ruth, églogue biblique en trois parties, pour soli, chœur et orchestre. . (Réduction de piano par l'auteur).		Hartmann (1872).	Heugel.	
		Souvenance (Chateaubriand), mélodie .	A Mme Pauline Viardot.	Richault.	Costallat.	
		Ninon (A. de Musset), mélodie	Au docteur Féréol	Richault.	Costallat.	
	1842-1843	L'émir de Bengador (Méry), mélodie. .	A Mme Louise Boutet de Monvel.	Richault.	Costallat.	la couverture porte : à M. Alphonse Boutet de Monvel.
		Le Sylphe (Al. Dumas), mélodie, avec accompagnement de violoncelle . .	A Mme Claire Brissaud.	Richault.	Costallat.	
		Robin Gray (Florian), mélodie.	A Mme Claire Brissaud.	Richault.	Costallat.	
	1846	L'ange et l'enfant (Reboul), mélodie. .	A Mme César Franck.	?	Hamelle (1878).	
	1851-1852	Le Valet de ferme, opéra comique en 3 actes, poëme de Alphonse Royer et Gustave Vaes.				Inédit.

CATALOGUE DES ŒUVRES DE CÉSAR FRANCK

1852	*Les trois exilés*, chant national pour baryton et basse	Mayaud.		(Épuisé).	
	DEUXIÈME ÉPOQUE				
1858	*Messe solennelle*, p^r basse solo et orgue. (*O salutaris*, extrait de la Messe) .	Régnier-Canaux.			(Épuisé).
1858	*Andantino*, pour orgue.	Richault.			
1858	*Accompagnement d'orgue* et arrangement pour les voix, des offices en chant grégorien restauré par le R. P. Lambillotte. . . . . 2e, 3e, 4e et 5e livraisons.	Ad. Leclère. Costallat.			
1858	*O Salutaris*, duo pour soprano et ténor.	Régnier-Canaux.		Noël.	
1858	*Trois motets* . . . . 1. *O salutaris*, pour soprano et chœur. 2. *Ave Maria*, duo pour soprano et basse . 3. *Tantum ergo*, pour basse.	Régnier-Canaux.		Noël.	
1859	*Trois antiennes*, pour grand orgue .	Hartmann.		Heugel.	
1859	*Le Garde d'honneur*, cantique (9 couplets).	Régnier-Canaux.		Noël.	
1860	*Messe à trois voix*, pour soprano, ténor et basse, avec accompagnement d'orgue, harpe, violoncelle et contrebasse	Repos.			
1860-1862	*Six pièces pour grand orgue* . . . . 1. *Fantaisie en ut*	Maeyens-Couvreur.	A son ami M. A. Chauvet.	Bornemann (1872).	
	2. *Grande pièce symphonique* .		A M. Ch. Valentin Alkan.	Durand (1879).	

N° D'ŒUVRE	DATE de COMPOSITION	TITRES DES ŒUVRES	DÉDICACES	ÉDITION D'ORIGINE	ÉDITION ACTUELLE (1906).	REMARQUES
18		3. Prélude, fugue et variation.	A son ami M. C. Saint-Saëns.			
19		4. Pastorale.	A son ami M. Aristide Cavaillé Coll.			
20		5. Prière.	A son maitre M. Benoist.			
21		6. Final.	A son ami M. Lefébure-Wély.			
22	1862	*Quasi marcia* pour harmonium.	A Mlle Marie-Thérèse Miccio.	Graff.	Leduc.	
	1863	*Cinq pièces* pour harmonium : 2 offertoires. 2 versets. 1 communion.		Graff-Parvy	Leduc.	
	1863	*Ave maria*, pour soprano ténor et basse.		Repos.	Bornemann	
	1863	*44 petites pièces*, pour orgue ou harmonium.				
	1865	*La Tour de Babel*, petit oratorio pour soli, chœur et orchestre.			Enoch (1900).	Publiées sous le titre : *Pièces posthumes*. Inédit : manuscrit daté : 18 avril 1865.
	1865	*Les plaintes d'une poupée*, pour piano.	A Mlle Gabrielle Œschger.		Mangeot.	
	1870	*Paris*, chant patriotique pour ténor, avec orchestre (texte en prose).				Inédit.

1871	Trois offertoires. . . . .
	  1. *Quæ est ista*, pour les fêtes de la Sainte Vierge; pour soli, chœur, orgue et contrebasse.
	  2. *Domine Deus in simplicitate*; pour le 1ᵉʳ dimanche du mois; à trois voix, orgue et contrebasse. . . . .
	  3. *Dextera Domini*, pour le saint jour de Pâques; pour soli, chœur à trois voix, orgue et contrebasse
		À M. l'abbé Hamelin, curé de Sᵗᵉ Clotilde.	Repos.	Bornemann.	

1871	*Le Mariage des roses* (E. David), mélodie	À Mᵐᵉ Trélat.		Enoch.	
1871	*Domine non secundum*, offertoire pour le carême; trio pour soprano, ténor et basse.		Le Courrier des familles.	Bornemann.	
1871	*Quasi fremuerunt gentes*, offertoire pour la fête de sainte Clotilde; chœur à 3 voix, orgue et contrebasse. .		Le Bailly.	Bornemann.	
1871	*Offertoire*, p. harmonium sur un air breton		Nauss.		
1872	*Panis angelicus*, pour ténor, orgue, harpe, violoncelle et contrebasse.		Le Bailly.	Bornemann.	Intercalé dans la messe à 3 voix.
1871- 1872	*Rédemption*, poème-symphonie en trois parties, pour soprano solo, chœur et orchestre (poème d'Éd. Blau). Réduction de piano par l'auteur..		Hartmann (1872).	Heugel.	(1ʳᵉ version)
1872	*Passez, passez toujours* (V. Hugo), mélodie			Costallat.	

DATE de COMPOSITION	TITRES DES ŒUVRES	DÉDICACES	ÉDITION D'ORIGINE	ÉDITION ACTUELLE (1906).	REMARQUES
1872	*Roses et papillons* (V. Hugo), mélodie.	A Alexis de Castillon.		Enoch.	
1872	*Veni creator*, duo pour ténor et basse.	A. MM. Vergnet et Menu.	Echo des maîtrises, (1re liv.)	Hamelle.	
1873	*Lied* (Lucien Paté), mélodie.	A Albert Cahen (d'Anvers).		Enoch.	
1873	*Prélude, fugue et variation*, pour harmonium et piano.		Maeyens-Couvreur.	Durand.	Transcription de la pièce d'orgue, op. 18.
1874	*Rédemption* (2e édition), nouveau morceau symphonique et chœur d'hommes ajoutés		Hartmann (1874).	Heugel.	(2e version).
	TROISIÈME ÉPOQUE				
1876	*Les Éolides*, poème symphonique pour orchestre (d'après le poème de Leconte de Lisle) . . . . Arrangement original à quatre mains pour piano, par l'auteur.			Enoch.	
1878	*Trois pièces pour grand orgue* . . . . 1. Fantaisie en *la*. 2. Cantabile. 3. Pièce héroïque.			Durand.	

1878-1879	Quintette en fa mineur, pour piano, 2 violons, alto et violoncelle. . .	A Camille Saint-Saëns.	Hamelle.
1879	Le vase brisé (Sully-Prudhomme), mélodie		Enoch.
1869-1879	Les Béatitudes, oratorio pour soli, chœur et orchestre, en huit parties et un prologue. (Poème de Mme Colomb) . . . . Réduction de piano par l'auteur.	A Mme César Franck.	Brandus. Joubert.
1881	Rébecca, scène biblique pour soli, chœur et orchestre. (Poème de Paul Collin) . . . . Réduction de piano par l'auteur.		Heugel.
1882	Le Chasseur maudit, poème symphonique pour orchestre (d'après Bürger). . . . . Arrangement original pour piano à 4 mains, par l'auteur.	A la Société chorale d'amateurs et à son fondateur Antonin Guillot de Sainbris.	L. Grus.
1884	Nocturne (L. de Fourcaud), mélodie. .		Album du Gaulois, (1885). Enoch.
1884	Les Djinns, poème symphonique pour piano et orchestre (d'après V. Hugo) . . . . Arrangement à 2 pianos par l'auteur.		Enoch.
1884	Prélude, choral et fugue, pour piano .	A Mlle Marie Poitevin.	Enoch.
1882-1885	Hulda, opéra en 4 actes et un épilogue; légende scandinave. (Poème de Ch. Grandmougin, d'après Björnstierne-Björnson)		Choudens.

N° D'ŒUVRE	DATE de COMPOSITION	TITRES DES ŒUVRES	DÉDICACES	ÉDITION D'ORIGINE	ÉDITION ACTUELLE (1906).	REMARQUES
	1885	*Variations symphoniques*, pour piano et orchestre. Arrangement à 2 pianos par l'auteur			Enoch.	
	1885	*Danse lente*, pour piano		Album du Gaulois, (1886).	Schola Cantorum.	
	1886	*Sonate* pour piano et violon	A Eugène Ysaye.		Hamelle.	
	1886-1887	*Prélude, aria et final*, pour piano	A Mme Bordes-Pène.		Hamelle.	
	1887-1888	*Psyché*, poème symphonique pour orchestre et chœur. Réduction de piano par l'auteur.	A mon ami Vincent d'Indy.	Bruneau.	Bornemann.	
	1888	*Hymne* pour 4 voix d'hommes (Racine)	A Sylvain Dupuis.		Hamelle.	
	1888	*Cantique* avec cor				Inédit.
	1888	*La Procession* (Brizeux), mélodie. Arrangement original pour orchestre.	A Mme Charlotte Danner.	Bruneau.	Leduc.	
	1888	*Les cloches du soir* (Daudet), mélodie	A Maurice Bagès.	Bruneau.	Leduc.	
	1888	*Psaume CL*, pour chœur, orchestre et orgue.			Breitkopf et Härtel	(Œuvre posthume).

CATALOGUE DES ŒUVRES DE CÉSAR FRANCK

Année	Œuvre	Dédicace	Éditeur	Notes
1888	*Six duos*, pour chœur à voix égales. 1. L'ange gardien (...) 2. Aux petits enfants (A. Daudet). 3. La vierge à la crèche (A. Daudet). 4. Les danses de Lormont (M⁶ Desbordes-Valmore). 5. Soleil (J. Guy Ropartz). 6. La chanson du vannier (A. Theuriet).	A Eugène Pierné. A Mme Pauline Roger. A Jules Minard. A Charles Pierné. A Mme Saint-Louis de Gonzague.	Enoch.	
1886-1888	*Symphonie en ré mineur*, pour orchestre.	A mon ami Henri Duparc.	Hamelle.	
1888	*Le premier sourire de mai*, chœur pour 3 voix de femmes (V. Wilder).		Hamelle.	
1889	*Andantino*, pour grand orgue.		Costallat. Musée de l'organiste. Liv. IV, 97.	
1889	*Préludes et prières de Ch. V. Alkan*, choisies et arrangées pour orgue en 3 livraisons.		Richault.	
1889	*Quatuor en ré majeur*, pour 2 violons, alto et violoncelle.	A Léon Reynier.	Costallat.	
1888-1890	*Ghisèle*, drame lyrique en 4 actes (Poème de Gilbert Augustin Thierry).		Hamelle.	
1889-1890	*L'Organiste*, 59 pièces pour harmonium		Choudens.	(Inachevé).
1890	*Trois chorals*, pour grand orgue. 1. En *mi*. 2. En *si mineur*. 3. En *la mineur*.	A M. Eug. Gigout. A M. Aug Durand. A Mlle Augusta Holmès.	Enoch. Durand.	Véritables dédicataires A. Guilmant. Th. Dubois. E. Gigout.

Music and Books published by Travis & Emery Music Bookshop:
Anon.: Hymnarium Sarisburiense, cum Rubricis et Notis Musicis.
Agricola, Johann Friedrich from Tosi: Anleitung zur Singkunst.
Bach, C.P.E.: edited W. Emery: Nekrolog or Obituary Notice of J.S. Bach.
Bateson, Naomi Judith: Alcock of Salisbury
Bathe, William: A Briefe Introduction to the Skill of Song
Bax, Arnold: Symphony #5, Arranged for Piano Four Hands by Walter Emery
Burney, Charles: The Present State of Music in France and Italy
Burney, Charles: The Present State of Music in Germany, The Netherlands ...
Burney, Charles: An Account of the Musical Performances ... Handel
Burney, Karl: Nachricht von Georg Friedrich Handel's Lebensumstanden.
Cobbett, W.W.: Cobbett's Cyclopedic Survey of Chamber Music. (2 vols.)
Corrette, Michel: Le Maitre de Clavecin
Crimp, Bryan: Dear Mr. Rosenthal ... Dear Mr. Gaisberg ...
Crimp, Bryan: Solo: The Biography of Solomon
d'Indy, Vincent: Beethoven: Biographie Critique
d'Indy, Vincent: Beethoven: A Critical Biography
d'Indy, Vincent: César Franck (in French)
Frescobaldi, Girolamo: D'Arie Musicali per Cantarsi. Primo & Secondo Libro.
Geminiani, Francesco: The Art of Playing the Violin.
Handel; Purcell; Boyce; Geene et al: Calliope or English Harmony: Volume First.
Hawkins, John: A General History of the Science and Practice of Music (5 vols.)
Herbert-Caesari, Edgar: The Science and Sensations of Vocal Tone
Herbert-Caesari, Edgar: Vocal Truth
Hopkins and Rimboult: The Organ. Its History and Construction.
Hunt, John: Adam to Webern: the recordings of von Karajan
Isaacs, Lewis: Hänsel and Gretel. A Guide to Humperdinck's Opera.
Isaacs, Lewis: Königskinder (Royal Children) A Guide to Humperdinck's Opera.
Lacassagne, M. l'Abbé Joseph : Traité Général des élémens du Chant.
Lascelles (née Catley), Anne: The Life of Miss Anne Catley.
Mainwaring, John: Memoirs of the Life of the Late George Frederic Handel
Malcolm, Alexander: A Treaty of Music: Speculative, Practical and Historical
Marx, Adolph Bernhard: Die Kunst des Gesanges, Theoretisch-Practisch
May, Florence: The Life of Brahms
Mellers, Wilfrid: Angels of the Night: Popular Female Singers of Our Time
Mellers, Wilfrid: Bach and the Dance of God
Mellers, Wilfrid: Beethoven and the Voice of God

Travis & Emery Music Bookshop
17 Cecil Court, London, WC2N 4EZ, United Kingdom.
Tel. (+44) 20 7240 2129

Music and Books published by Travis & Emery Music Bookshop:

Mellers, Wilfrid: Caliban Reborn - Renewal in Twentieth Century Music
Mellers, Wilfrid: François Couperin and the French Classical Tradition
Mellers, Wilfrid: Harmonious Meeting
Mellers, Wilfrid: Le Jardin Retrouvé, The Music of Frederic Mompou
Mellers, Wilfrid: Music and Society, England and the European Tradition
Mellers, Wilfrid: Music in a New Found Land: ...... American Music
Mellers, Wilfrid: Romanticism and the Twentieth Century (from 1800)
Mellers, Wilfrid: The Masks of Orpheus: ...... the Story of European Music.
Mellers, Wilfrid: The Sonata Principle (from c. 1750)
Mellers, Wilfrid: Vaughan Williams and the Vision of Albion
Panchianio, Cattuffio: Rutzvanscad Il Giovine
Pearce, Charles: Sims Reeves, Fifty Years of Music in England.
Playford, John: An Introduction to the Skill of Musick.
Purcell, Henry et al: Harmonia Sacra ... The First Book, (1726)
Purcell, Henry et al: Harmonia Sacra ... Book II (1726)
Quantz, Johann: Versuch einer Anweisung die Flöte traversiere zu spielen.
Rameau, Jean-Philippe: Code de Musique Pratique, ou Methodes.
Rastall, Richard: The Notation of Western Music.
Rimbault, Edward: The Pianoforte, Its Origins, Progress, and Construction.
Rousseau, Jean Jacques: Dictionnaire de Musique
Rubinstein, Anton : Guide to the proper use of the Pianoforte Pedals.
Sainsbury, John S.: Dictionary of Musicians. Vol. 1. (1825). 2 vols.
Simpson, Christopher: A Compendium of Practical Musick in Five Parts
Spohr, Louis: Autobiography
Spohr, Louis: Grand Violin School
Tans'ur, William: A New Musical Grammar; or The Harmonical Spectator
Terry, Charles Sanford: Four-Part Chorals of J.S. Bach. (German & English)
Terry, Charles Sanford: Joh. Seb. Bach, Cantata Texts, Sacred and Secular.
Terry, Charles Sanford: The Origins of the Family of Bach Musicians.
Tosi, Pierfrancesco: Opinioni de' Cantori Antichi, e Moderni
Van der Straeten, Edmund: History of the Violoncello, The Viol da Gamba ...
Van der Straeten, Edmund: History of the Violin, Its Ancestors... (2 vols.)
Walther, J. G.: Musicalisches Lexikon ober Musicalische Bibliothec

Travis & Emery Music Bookshop
17 Cecil Court, London, WC2N 4EZ, United Kingdom.
Tel. (+44) 20 7240 2129

© Travis & Emery 2009

Discographies by Travis & Emery:
Discographies by John Hunt.

1987: 978-1-906857-14-1: From Adam to Webern: the Recordings of von Karajan.
1991: 978-0-951026-83-0: 3 Italian Conductors and 7 Viennese Sopranos: 10 Discographies: Arturo Toscanini, Guido Cantelli, Carlo Maria Giulini, Elisabeth Schwarzkopf, Irmgard Seefried, Elisabeth Gruemmer, Sena Jurinac, Hilde Gueden, Lisa Della Casa, Rita Streich.
1992: 978-0-951026-85-4: Mid-Century Conductors and More Viennese Singers: 10 Discographies: Karl Boehm, Victor De Sabata, Hans Knappertsbusch, Tullio Serafin, Clemens Krauss, Anton Dermota, Leonie Rysanek, Eberhard Waechter, Maria Reining, Erich Kunz.
1993: 978-0-951026-87-8: More 20th Century Conductors: 7 Discographies: Eugen Jochum, Ferenc Fricsay, Carl Schuricht, Felix Weingartner, Josef Krips, Otto Klemperer, Erich Kleiber.
1994: 978-0-951026-88-5: Giants of the Keyboard: 6 Discographies: Wilhelm Kempff, Walter Gieseking, Edwin Fischer, Clara Haskil, Wilhelm Backhaus, Artur Schnabel.
1994: 978-0-951026-89-2: Six Wagnerian Sopranos: 6 Discographies: Frieda Leider, Kirsten Flagstad, Astrid Varnay, Martha Moedl, Birgit Nilsson, Gwyneth Jones.
1995: 978-0-952582-70-0: Musical Knights: 6 Discographies: Henry Wood, Thomas Beecham, Adrian Boult, John Barbirolli, Reginald Goodall, Malcolm Sargent.
1995: 978-0-952582-71-7: A Notable Quartet: 4 Discographies: Gundula Janowitz, Christa Ludwig, Nicolai Gedda, Dietrich Fischer-Dieskau.
1996: 978-0-952582-72-4: The Post-War German Tradition: 5 Discographies: Rudolf Kempe, Joseph Keilberth, Wolfgang Sawallisch, Rafael Kubelik, Andre Cluytens.
1996: 978-0-952582-73-1: Teachers and Pupils: 7 Discographies: Elisabeth Schwarzkopf, Maria Ivoguen, Maria Cebotari, Meta Seinemeyer, Ljuba Welitsch, Rita Streich, Erna Berger.
1996: 978-0-952582-77-9: Tenors in a Lyric Tradition: 3 Discographies: Peter anders, Walther Ludwig, Fritz Wunderlich.
1997: 978-0-952582-78-6: The Lyric Baritone: 5 Discographies: Hans Reinmar, Gerhard Huesch, Josef Metternich, Hermann Uhde, Eberhard Waechter.
1997: 978-0-952582-79-3: Hungarians in Exile: 3 Discographies: Fritz Reiner, Antal Dorati, George Szell.
1997: 978-1-901395-00-6: The Art of the Diva: 3 Discographies: Claudia Muzio, Maria Callas, Magda Olivero.
1997: 978-1-901395-01-3: Metropolitan Sopranos: 4 Discographies: Rosa Ponselle, Eleanor Steber, Zinka Milanov, Leontyne Price.
1997: 978-1-901395-02-0: Back From The Shadows: 4 Discographies: Willem Mengelberg, Dimitri Mitropoulos, Hermann Abendroth, Eduard Van Beinum.
1997: 978-1-901395-03-7: More Musical Knights: 4 Discographies: Hamilton Harty, Charles Mackerras, Simon Rattle, John Pritchard.
1998: 978-1-901395-94-5: Conductors On The Yellow Label: 8 Discographies: Fritz Lehmann, Ferdinand Leitner, Ferenc Fricsay, Eugen Jochum, Leopold Ludwig, Artur Rother, Franz Konwitschny, Igor Markevitch.
1998: 978-1-901395-95-2: More Giants of the Keyboard: 5 Discographies: Claudio Arrau, Gyorgy Cziffra, Vladimir Horowitz, Dinu Lipatti, Artur Rubinstein.
1998: 978-1-901395-96-9: Mezzo and Contraltos: 5 Discographies: Janet Baker, Margarete Klose, Kathleen Ferrier, Giulietta Simionato, Elisabeth Hoengen.

1999: 978-1-901395-97-6: The Furtwaengler Sound Sixth Edition: Discography and Concert Listing.
1999: 978-1-901395-98-3: The Great Dictators: 3 Discographies: Evgeny Mravinsky, Artur Rodzinski, Sergiu Celibidache.
1999: 978-1-901395-99-0: Sviatoslav Richter: Pianist of the Century: Discography.
2000: 978-1-901395-04-4: Philharmonic Autocrat 1: Discography of: Herbert Von Karajan [Third Edition].
2000: 978-1-901395-05-1: Wiener Philharmoniker 1 - Vienna Philharmonic and Vienna State Opera Orchestras: Discography Part 1 1905-1954.
2000: 978-1-901395-06-8: Wiener Philharmoniker 2 - Vienna Philharmonic and Vienna State Opera Orchestras: Discography Part 2 1954-1989.
2001: 978-1-901395-07-5: Gramophone Stalwarts: 3 Separate Discographies: Bruno Walter, Erich Leinsdorf, Georg Solti.
2001: 978-1-901395-08-2: Singers of the Third Reich: 5 Discographies: Helge Roswaenge, Tiana Lemnitz, Franz Voelker, Maria Mueller, Max Lorenz.
2001: 978-1-901395-09-9: Philharmonic Autocrat 2: Concert Register of Herbert Von Karajan Second Edition.
2002: 978-1-901395-10-5: Sächsische Staatskapelle Dresden: Complete Discography.
2002: 978-1-901395-11-2: Carlo Maria Giulini: Discography and Concert Register.
2002: 978-1-901395-12-9: Pianists For The Connoisseur: 6 Discographies: Arturo Benedetti Michelangeli, Alfred Cortot, Alexis Weissenberg, Clifford Curzon, Solomon, Elly Ney.
2003: 978-1-901395-14-3: Singers on the Yellow Label: 7 Discographies: Maria Stader, Elfriede Troetschel, Annelies Kupper, Wolfgang Windgassen, Ernst Haefliger, Josef Greindl, Kim Borg.
2003: 978-1-901395-15-0: A Gallic Trio: 3 Discographies: Charles Muench, Paul Paray, Pierre Monteux.
2004: 978-1-901395-16-7: Antal Dorati 1906-1988: Discography and Concert Register.
2004: 978-1-901395-17-4: Columbia 33CX Label Discography.
2004: 978-1-901395-18-1: Great Violinists: 3 Discographies: David Oistrakh, Wolfgang Schneiderhan, Arthur Grumiaux.
2006: 978-1-901395-19-8: Leopold Stokowski: Second Edition of the Discography.
2006: 978-1-901395-20-4: Wagner Im Festspielhaus: Discography of the Bayreuth Festival.
2006: 978-1-901395-21-1: Her Master's Voice: Concert Register and Discography of Dame Elisabeth Schwarzkopf [Third Edition].
2007: 978-1-901395-22-8: Hans Knappertsbusch: Kna: Concert Register and Discography of Hans Knappertsbusch, 1888-1965. Second Edition.
2008: 978-1-901395-23-5: Philips Minigroove: Second Extended Version of the European Discography.
2009: 978-1-901395--24-2: American Classics: The Discographies of Leonard Bernstein and Eugene Ormandy.

Discography by Stephen J. Pettitt, edited by John Hunt:
1987: 978-1-906857-16-5: Philharmonia Orchestra: Complete Discography 1945-1987

Available from: Travis & Emery at 17 Cecil Court, London, UK. (+44) 20 7 240 2129. email on sales@travis-and-emery.com .

© Travis & Emery 2009

www.ingramcontent.com/pod-product-compliance
Lightning Source LLC
LaVergne TN
LVHW051825080426
835512LV00018B/2731